Das Buch

Das Arbeitsbuch ist eine praktische Hilfe für alle, die die Methoden der Workshops und Bücher von Phyllis Krystal noch wirksamer anwenden wollen. Ob allein, zu zweit oder in einer Gruppe, ob als Laie oder Therapeut – jeder kann sich mit Hilfe der hier Schritt für Schritt vorgestellten Techniken von seinen inneren Fesseln befreien. Durch das regelmäßige Praktizieren der Übungen erhält das Höhere Bewußtsein seine eigentliche Rolle als Lenker und Führer zurück. Von ihm geleitet, bewegt sich der Mensch sicher, frei und ohne Angst durchs Leben – er hat seine Blockaden gelöst.

Die Autorin

Phyllis Krystal wurde in England geboren und studierte dort Religion und Psychologie. 1937 zog sie nach Los Angeles, wo sie eine Ausbildung in Jungscher Analyse erhielt. In ihren Büchern verbindet sie auf faszinierende Weise uralte esoterische Erfahrungen und moderne Tiefenpsychologie. Phyllis Krystal ist einem weltweiten Publikum durch ihre zahlreichen Seminare und Workshops vertraut.

In unserem Hause sind von Phyllis Krystal bereits erschienen:

Die inneren Fesseln sprengen
Frei von Angst und Ablehnung
Die Fesseln des Karma sprengen
Die Liebesenergie freisetzen
Was du kannst an jedem Tag
Loslassen – das Handbuch

Weitere Informationen unter
www.phykrystal.com

Phyllis Krystal

Loslassen – das Handbuch

Das Arbeitsbuch zu
Die inneren Fesseln sprengen

Aus dem Englischen
von Marianne und Elisabeth Ausberg

Ullstein

Besuchen Sie uns im Internet:
www.ullstein-taschenbuch.de

Allegria im Ullstein Taschenbuch
Herausgegeben von Michael Görden

Aus dem Englischen von Marianne und Elisabeth Ausberg

Titel der Originalausgabe
CUTTING THE TIES THAT BIND WORKBOOK
Erschienen bei Samuel Weiser, Inc., Main, USA

Umwelthinweis:
Dieses Buch wurde auf chlor- und säurefreiem Papier gedruckt.

Neuausgabe im Ullstein Taschenbuch
3. Auflage 2007
© der deutschsprachigen Ausgabe
Ullstein Buchverlage GmbH, Berlin 2005
© der deutschsprachigen Ausgabe 2000 by
Econ Ullstein List Verlag GmbH & Co. KG, München
© der Originalausgabe 1995 by Phyllis Krystal
Umschlaggestaltung: FranklDesign, München
Titelabbildung: www.vietmeier.com
Satz: KompetenzCenter, Mönchengladbach
Druck und Bindearbeiten: GGP Media GmbH, Pößneck
Printed in Germany
ISBN 978-3-548-74279-3

Inhaltsverzeichnis

Einleitung 9

Die Arbeit mit einem Partner 13
Das Errichten des Dreiecks 15
Entspannungsübungen 18
Das Maßband, um mentale Aktivitäten
   zu beherrschen 26
Die Schlange, um ablenkende Emotionen
   zu kontrollieren 28

Die Arbeit mit einer Gruppe 31
Eine Gruppe führen 33
Der Maibaum –
   Beginn einer Gruppensitzung 35
Der Maibaum –
   Ende einer Gruppensitzung 39

Schutzsymbole 41
Der Lichtzylinder 43
Der Strandball 45

Die inneren Fesseln sprengen 47
Mit der Acht beginnen 49

Das Cutting 52
Der Baum 67

Das Ablösen komplexerer Fesseln 77
Das Zerstören negativer
   elterlicher Archetypen 78
Die schwarze Familienwolke auflösen 80
Der Korridor 82
Cutting von mehreren Partnern 85

Die Lösung von einschränkenden Rollen .. 87
Die Babuschka 89
Der Ballon 91

Das Beseitigen von Begrenzungen 93
Die Sanduhr 95

Das Vernichten negativer Eigenschaften .. 99
Der Stern – um Angst zu beseitigen 101
Der Umgang mit Zorn 103
Eifersucht und Neid vernichten 105
Die Gier loslassen 108
Schuldgefühle beseitigen 110
Geeignete Symbole für subtilere
   Probleme 112
Die Symbole vernichten 115

Entscheidungen treffen 117
Die Waage – für zwei Wahlmöglichkeiten . 119
Die Waage der Gerechtigkeit 121
Die Wegkreuzung – für drei oder
   mehr Wahlmöglichkeiten 125

Gegensätze ausgleichen 127
Das Mandala – Intuition, Intellekt,
  Sinneswahrnehmungen und Emotionen
  ins Gleichgewicht bringen 129
Gehirn und Solarplexus ausgleichen 133
Yin, Yang – das Weibliche und das
  Männliche, Herz und Intellekt ins
  Gleichgewicht bringen 137
Der schwarze und der weiße Vogel –
  Gegensätze akzeptieren 139

Hilfreiche Arbeitsmaterialien 141

Einleitung

Dieses Arbeitsbuch wurde als Hilfe für diejenigen verfaßt, die die Methode, die in den ersten zwei Büchern »Die inneren Fesseln sprengen« und »Frei von Angst und Ablehnung« beschrieben wurde, noch wirksamer anwenden wollen.

Das Arbeitsbuch ist für all jene geeignet, die es allein oder mit einem Partner benutzen wollen, sowie für Therapeuten, die mit Klienten arbeiten. Des weiteren ist es auch als Ergänzung zu den beiden Büchern zu sehen. Es stellt die verschiedenen Techniken in vereinfachter Form Schritt für Schritt dar, so daß jeder klar und leicht folgen kann.

Wie die amerikanischen Originaltitel »Cutting the Ties That Bind« (»Die inneren Fesseln sprengen«) und »Cutting More Ties That Bind« (»Frei von Angst und Ablehnung«) zeigen, kann mit Hilfe dieser Methode ein Cutting von einer Person oder einer Sache durchgeführt werden, um die bindenden Fesseln zu durchtrennen. So können Sie sich von allem befreien, was Autorität und Kontrolle auf Sie ausübt. Das Lösen von dieser Kontrolle erlaubt es, die angesammelten Schichten äußerer Konditionierungen zu entfernen, die das innere Licht des Höheren Bewußtseins beziehungsweise des Wahren Selbst verdunkeln. Die Übungen, die diese Methode umfaßt, können helfen, sich von allem zu befreien, was das Wahre Selbst daran hindert, sich durch die äußere Schale beziehungsweise das äußere Gefäß, das aus dem Körper, dem Denken, der Persönlichkeit und dem Ego besteht, auszudrücken.

Die ersten beiden Bücher handeln von den verschiedenen Einflüssen, dem frühen Lernen und den Konditionierungen, den inneren Glaubenssystemen und den verschiedenen Verhaltensmustern, die in Kombination die blockierenden Schichten bilden. Die Bücher bieten auch praktische Wege an, um diese Schichten zu entfernen, damit das Höhere Bewußtsein seine rechtmäßige Rolle als Führung und endgültige Autorität an Stelle des Egos übernehmen kann.

Dieses Arbeitsbuch teilt die verschiedenen Techniken in einfache Schritte ein, durch deren Befolgung Freiheit erlangt werden kann. Um solche Freiheit zu erlangen, ist es jedoch wesentlich, daß man gewillt ist, den Übungen eine regelmäßige, wenn auch nicht unbedingt große Zeitspanne und Energie zu widmen. Regelmäßiges Praktizieren ist absolut notwendig, genauso wie bei jedem anderen Lernprozeß, wenn man dauerhafte Resultate erzielen möchte. Mit dieser Methode werden dem Unterbewußtsein neue Botschaften eingeprägt, und bevor es anfängt, ihnen gemäß zu handeln, braucht man viel Praxis, Ausdauer und Geduld.

Dieses Arbeitsbuch soll die ersten beiden Bücher nicht ersetzen. Diese beinhalten die Theorie der Methode, wodurch auch die Notwendigkeit der regelmäßigen Praxis der einzelnen Übungen verständlicher wird.

Das Arbeitsbuch wurde übersichtlich gestaltet, was die Benutzung der Methode erleichtert. So können Sie jederzeit die richtigen beziehungsweise spezifischen Übungen finden und sie leicht mit den Erklärungen in den anderen beiden Büchern in Verbindung bringen.

Der Text ist groß gedruckt, um das Lesen zu erleichtern, wenn die Seiten flach auf den Schoß, das Pult oder den Tisch gelegt werden. Das erleichtert die Benutzung besonders, wenn man die Anweisungen einem Partner oder Klienten laut vorliest.

Die ganzseitigen Abbildungen der verschiedenen Symbole sollen als Begleitung zu den Übungen den Visualisierungsprozeß des einzelnen unterstützen.

Wir hoffen, daß in Kombination mit den ersten beiden Büchern und den Kassetten dieses Übungsbuch noch mehr Menschen hilft, sich dieser Methode zu bedienen, und sie ermutigt, sie im täglichen Leben anzuwenden. Denn um sich von jeder Kontrolle zu befreien und nur noch der Führung des Höheren Bewußtseins zu folgen, muß man regelmäßig üben. Dann wird es möglich, daß das Höhere Bewußtsein sich durch jeden Menschen ausdrücken kann.

DIE ARBEIT MIT EINEM PARTNER

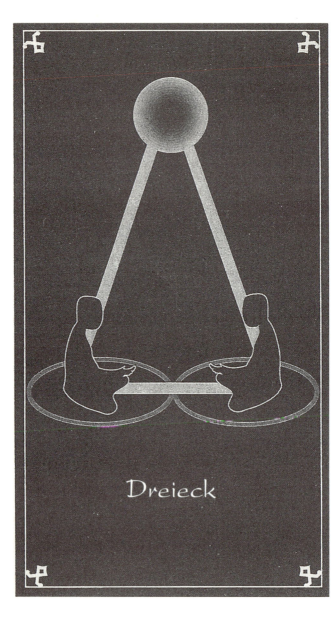

Das Errichten des Dreiecks

Vor jeder gemeinsamen Arbeit mit einem Partner solltest du immer ein Dreieck errichten.

Der Hauptunterschied zwischen der Symbolarbeit und der Mehrzahl konventioneller Methoden ist die Benutzung des Dreiecks, um jede Person (den Therapeuten beziehungsweise den Leiter und den Klienten) mit dem Höheren Bewußtsein zu verbinden. Dem gemeinsamen Höheren Bewußtsein wird die Rolle der Führung übergeben, damit nicht einer der Partner während der Sitzung den anderen kontrolliert.

Dieses Dreieck gelingt leichter und kraftvoller, wenn zwei Menschen physisch anwesend sind. Falls jedoch niemand zur Verfügung steht, mit dem du direkt arbeiten kannst, ist es möglich, einen abwesenden Partner auf der anderen Seite der Grundlinie des Dreiecks zu visualisieren, aber nur dann, wenn die betreffende Person damit einverstanden ist. Es wird angenommen, daß der Partner das Höhere Bewußtsein als den einzigen zuverlässigen Führer akzeptiert, so daß beide Seiten des Dreiecks jeweils eine stabile Linie aus Licht bilden.

Der Leiter, der die folgende Sitzung führt, gibt die Anweisungen in der unten aufgeführten Reihenfolge.

Das Aufstellen des Dreiecks

1. Stell dir vor, jeder von uns sitzt in einem goldenen Lichtkreis. Der Kreis hat den Durchmesser deiner ausgestreckten Arme. Die Kreise befinden sich auf dem Boden und berühren sich gerade eben.

2. Visualisiere, erinnere, fühle oder denke dir einen Strahl aus goldenem Sonnenlicht, der uns beide auf dem Boden miteinander verbindet. Sage mir, wenn es klar für dich ist. Dieses ist die Basislinie unseres Dreiecks, von A nach B.

3. Visualisiere einen goldenen Lichtstrahl, der meine Wirbelsäule hinauffließt und dann oben aus meinem Kopf heraustritt. Sage mir, wenn es klar ist.

4. Stelle dir einen weiteren goldenen Strahl vor, der sich deine Wirbelsäule entlang hinaufbewegt und oben aus deinem Kopf herausfließt. Sage mir, wenn du den Strahl fühlst.

5. Führe beide Strahlen nach oben, damit sie sich am Scheitelpunkt des Dreiecks treffen, um jeden von uns mit dem Höheren Bewußtsein zu

verbinden. Die Spitze repräsentiert unser gemeinsames Höheres Bewußtsein.

6. Wenn du es wünschst, bitte das Höhere Bewußtsein, sich dir als ein Symbol oder als eine Personifikation zu zeigen, um dir das Visualisieren zu erleichtern.

Entspannungsübungen

Entspannen mit der Welle

Voraussetzung für diese Übung ist, daß du keine Angst vor dem Meer hast, sondern daß du dich in seiner Nähe wohl fühlst. Dann kann diese Übung eine große Hilfe sein, um dich zu entspannen.

1. Stell dir eine Strandszene vor, oder erinnere dich an deinen Lieblingsstrand.

2. Visualisiere dich selbst, wie du im Sand direkt am Wasser liegst. Die Füße sind in Richtung des Horizontes zum Meer gerichtet.

3. Beobachte, wie eine lange, seichte Welle auf den Strand zurollt und deinen Körper sanft bis zum Hals überspült.

4. Atme das besänftigende Gefühl ein, das sie dir gibt.

5. Während sie zurückweicht, atme mit einem Seufzer aus, laß alle Spannungen los, und er-

laube der Welle, alle Spannungen in den riesigen Ozean hinauszuspülen.

6. Wiederhole diesen Atemrhythmus, bis du dich entspannt fühlst oder einschläfst.

Entspannen mit dem Licht

Diese längere Entspannungsübung ist sehr nützlich für diejenigen, die es schwierig finden, sich mit der Welle oder anderen Vorschlägen zu entspannen. Einige Menschen berichten, daß sie die Entspannung mit dem Licht als eine ausgezeichnete Art und Weise empfinden, um sich vor dem Schlafengehen zu entspannen. Wenn sie die dazugehörige Kassette hören, um verbal geführt zu werden, scheint diese Übung sogar noch wirksamer zu sein, und sie schlafen oft ein, bevor die Entspannung mit dem Licht ganz zu Ende ist.

1. Wähle dir in deiner inneren Szene einen sicheren und entspannenden Platz. Stell dir vor, du bist wirklich dort und machst es dir an diesem Ort so bequem wie möglich.

2. Finde in deiner inneren Szene heraus, ob es Tag oder Nacht ist. Wenn es Tag ist, benutze zur Entspannung das Sonnenlicht, und wenn es Nacht ist, benutze das Mondlicht. Welches Licht du auch immer benutzt, es bringt in jeden Teil deines Körpers Entspannung, Heilung,

Reinigung, Stärkung und Liebe. Wiederhole meine Anweisungen an die verschiedenen Teile deines Körpers, so daß sie deiner Stimme folgen und nicht meiner.

3. Schicke das Licht zu deinen Zehen, und sage ihnen, daß sie das Licht annehmen und aufnehmen sollen. Fühle, wie das Licht in einem warmen, beruhigenden Strom in deine Zehen fließt, wie es langsam nach oben über den Spann und die Fußsohlen hinauf über die Fersen in die Knöchel fließt, so daß beide Füße jetzt in jedem Muskel, jedem Knochen, jedem Nerv und jeder Zelle mit Licht erfüllt sind.

4. Beobachte, wie das Licht deine Unterschenkel entlang durch die Waden langsam bis zu den Knien herauffließt und jedem Teil Entspannung, Heilung, Reinigung und neue Energie bringt.

5. Nun schicke das Licht in deine oberen Beine, von den Knien bis zu den Oberschenkeln und Hüften, um jede Zelle zu durchdringen.

6. Laß deine Beine los, und bedanke dich bei ihnen dafür, daß sie dich den ganzen Tag herumgetragen haben, und erlaube ihnen, sich während dieser Übung völlig auszuruhen, weil sie dir dabei nicht zu dienen brauchen.

7. Lenke deine Aufmerksamkeit weg von den Beinen in den Unterkörper, und bringe die ent-

spannende, heilende, reinigende und stärkende Energie des Lichtes in den Beckenbereich und den unteren Teil der Wirbelsäule und in jedes Organ, jede Drüse, jeden Knochen und jeden Muskel, überall dorthin, wo diese Energie benötigt wird.

8. Nun laß diesen Teil deines Körpers los, und öffne den Magen, die Eingeweide, und gehe nach hinten zur Wirbelsäule, um das Licht zu empfangen.

9. Richte jetzt deine Aufmerksamkeit auf den Solarplexus, gerade eben oberhalb des Nabels und unterhalb deiner Rippen. Der Solarplexus ist das Zentrum deines Nervensystems; man nennt ihn manchmal auch das sekundäre Gehirn. Darum ist es ganz besonders wichtig, das Licht voll in diesen Bereich zu schicken, um ihn wieder mit Energie aufzuladen.

Um das zu erleichtern, bitte darum, daß in diesem Zentrum eine Blüte erscheinen möge. Ist die Blüte offen oder geschlossen? Wenn sie geschlossen ist, gib ihr die Anweisung, sich weit genug zu öffnen, damit das Licht in den Körper strömen kann. Das Licht fließt in jeden Nerv deines Körpers, der es benötigt, um ihn zu entspannen, zu heilen, zu reinigen und zu stärken. Lenke nun das Licht zurück in deine Wirbelsäule, hinter deinen Solarplexus.

10. Nun schicke das Licht in deinen Oberkörper, in den Brustkorb und den oberen Teil deines Rückens. Beim Einatmen stell dir vor, daß du noch mehr Licht hineinziehst, damit es durch deinen ganzen Körper zirkulieren kann. Wenn du ausatmest, vertreibe alles Negative wie Furcht, Angst, Anspannung oder irgend etwas anderes, was das Fließen des Lichts behindern könnte. Nun laß das Licht tief in deinen Oberkörper eindringen, in die Drüsen, Organe und die Wirbelsäule. Es bringt Entspannung, Heilung, Reinigung und Energie in alle Teile, die dies benötigen. Konzentriere dich besonders darauf, daß dein Herz sich öffnen kann, um das Licht zu empfangen.

11. Beobachte, wie das Licht von deinen Schultern in beide Arme fließt. Fühle, wie es deine Finger, Handflächen und Gelenke füllt, um jeden Teil davon zu entspannen, zu heilen, zu reinigen und zu stärken. Beobachte, wie das Licht vom Handgelenk bis zum Ellbogen in deine Unterarme strömt, und gib ihnen die Anweisung, sich zu öffnen, um das Licht zu empfangen.

12. Fühle, wie das Licht in deine Oberarme hinaufströmt, um jedem Knochen, Muskel, Nerv und jeder Zelle Entspannung, Heilung und Reinigung zu bringen und sie wieder aufzuladen.

13. Bedanke dich bei deinen Armen und Händen für alles, was sie jeden Tag für dich tun, und erlaube ihnen, sich während dieser Übung auszuruhen, weil sie nicht für dich zu arbeiten brauchen.

14. Schicke das Licht in deine Schultern, deine Kehle und deinen Nacken, wo viele Menschen Spannungen haben, die das Licht lindern kann. Bitte darum, daß eine weitere Blüte an der Kehle, dem Eingang zum Drüsensystem, erscheinen möge. Wenn sie geschlossen ist, so gib ihr die Anweisung, daß sie sich gerade so weit öffnen möge, daß sie das Licht empfangen kann, um Entspannung, Heilung, Reinigung und wiederaufladende Energie zu jeder Drüse deines Körpers zu bringen.

15. Stell dir vor, wie das Licht in deinen Nacken fließt, um jegliche Spannung in diesem Bereich aufzulösen, wobei es auf seinem Weg entlang deiner gesamten Wirbelsäule jeden Wirbel, von deinem Nacken bis hinab zu deinem Steißbein, zum Leuchten bringt.

16. Bringe das Licht zurück in deinen Kopf und dein Gesicht, und beobachte, wie es in dein Kinn und in deinen Kiefer fließt. Wenn die Zähne zusammengebissen sind oder deine Zunge am Gaumen klebt, öffne deinen Mund, und schlucke ein- oder zweimal, um sie zu

befreien, damit das Licht die Führung übernehmen kann.

17. Nun stelle dir vor, wie das Licht in deine Wangen, deinen Mund und in die Zunge, deine Nase hinauf, quer herüber zu den Ohren und tief in deine Augen eindringt. Es bringt jedem dieser Sinnesorgane Entspannung, Heilung, Reinigung und wiederaufladende Energie da, wo sie gebraucht wird.

18. Laß deine Sinne, das Sehen, Hören, Riechen, Schmecken und Tasten, los. Danke ihnen, daß sie dir dienen, und laß sie sich ausruhen, weil du sie während dieser Übung nicht brauchst.

19. Schicke das Licht zu deinen Schläfen, der Stirn, hinauf über deinen Kopf und tief in dein Gehirn. Es bringt jeden bewußten und unbewußten Teil zum Leuchten und bewirkt Entspannung, Heilung, Reinigung und lädt jeden Teil, der es braucht, wieder auf.

20. Atme dreimal tief, aber sanft durch, um noch mehr Licht einzuatmen, und laß beim Ausatmen jede noch übriggebliebene Spannung los.

21. Laß deinen inneren Blick über deinen ganzen Körper schweifen, um zu sehen, ob es noch irgendwelche Teile gibt, die angespannt sind.

Wenn das der Fall ist, schicke das Licht in jeden dieser Teile mit der Anweisung, sich mehr und mehr zu entspannen.

22. Laß dir genügend Zeit, diese tiefe Entspannung zu genießen, während du dich vollständig öffnest, um das wohltuende Licht in jedem Teil zu empfangen.

23. Bringe nun deine Aufmerksamkeit in die Gegenwart und an diesen Platz zurück, indem du an das heutige Datum, die Zeit und den Ort denkst. Bewege Arme, Beine, Rücken und Kopf, übernimm wieder die Kontrolle über deinen Körper, und kehre in das volle Bewußtsein, ins Hier und Jetzt zurück.

Das Maßband, um mentale Aktivitäten zu beherrschen

Viele Menschen beklagen sich, daß ihre unkontrollierten Gedanken verhindern, daß sie sich konzentrieren können, besonders wenn sie versuchen zu meditieren.

1. Visualisiere oder denke an ein ausziehbares Maßband, das an einer Feder befestigt ist und sich in einer Hülle befindet.

2. Stell dir vor, du ziehst das Maßband vollständig aus seiner Hülle heraus. Das Maßband stellt das bewußte Denken dar, das immer mißt und abwägt.

3. Laß das Maßband in die Hülle zurückschnellen, um das Denken in seiner Aktivität zu beschränken.

4. Lege das Maßband in seiner Hülle an deine rechte Seite, als Zeichen, daß du die Kontrolle darüber behalten willst.

Anfangs mußt du diese Übung mehrmals wiederholen, um mit alten Gewohnheiten zu brechen.

Die Schlange, um ablenkende Emotionen zu kontrollieren

Wenn du es geschafft hast, den bewußten Verstand zu kontrollieren, merkst du vielleicht, daß deine Emotionen und Gefühle dich aus der Mitte bringen und davon abhalten, in der Konzentration zu bleiben oder zu meditieren.

1. Stell dir eine Schlange vor, die zusammengerollt auf den unteren Ästen eines Baumes liegt. Der Kopf hängt nach unten und bewegt sich nach allen Seiten. Sie beobachtet sehr genau ihre Umgebung.

2. Stell dir die Szene bildlich auf deiner linken Seite vor.

3. Jetzt winde die Schlange um die Äste des Baumes zu einer Spirale.

4. Steck ihren Schwanz in ihr Maul, um den Kreis zu schließen.

Diese Übung muß anfangs mehrmals wiederholt werden, um alte Muster aufzubrechen und neue zu entwickeln.

Dem Höheren Bewußtsein die Führung übergeben*

1. Laß uns beide gemeinsam die Führung dieser Sitzung dem Höheren Bewußtsein übergeben. Ich bitte das Höhere Bewußtsein, daß mir Fragen und hilfreiche Vorschläge gegeben werden, um sie dir anzubieten, und bitte um weitere Wege, dir zu helfen, wenn du bei der Arbeit Unterstützung brauchst. Vielleicht möchtest du um eine erfüllende und befreiende Erfahrung oder um Ähnliches in dieser Richtung bitten.

2. Bitte das Höhere Bewußtsein, dir auf deiner Seite des Dreiecks *entspannende* Energie herunterzusenden. Atme sie ein, und atme jede Spannung aus, die du vielleicht in irgendeinem Teil von dir fühlst: egal ob sie körperlicher, mentaler, emotionaler oder irgendeiner anderen Art ist. Nimm zwei oder drei Atemzüge, und bitte darum, daß diese *entspannende* Energie während der ganzen Sitzung weiter fließen möge.

3. Bitte das Höhere Bewußtsein, dir auf deiner Seite des Dreiecks *heilende* Energie herunter-

---
* vorher das Dreieck errichten; Anm. d. Übers.

zusenden. Atme sie ein, und atme jede Verzweiflung oder jegliches Unbehagen aus, das du vielleicht in irgendeinem Teil von dir fühlst. Nimm zwei oder drei Atemzüge, und bitte darum, daß *heilende* Energie während der ganzen Zeit, in der wir zusammen arbeiten, weiter fließen möge.

4. Bitte das Höhere Bewußtsein, *reinigende* Energie in dich hineinzusenden, um jegliche negativen Erinnerungen, Gedanken, Gefühle oder Zustände zu beseitigen, die du bereit bist loszulassen. Nimm zwei oder drei Atemzüge, und bitte darum, daß die *reinigende* Energie während der ganzen Zeit, in der wir arbeiten, weiter fließen möge.

5. Bitte das Höhere Bewußtsein, daß beim Einatmen *stärkende* oder *kraftgebende* Energie in dich hineinfließen möge, und atme jede Schwäche aus, die du bereit bist loszulassen. Bitte darum, daß dieses während der ganzen Sitzung geschehen möge.

6. Wir atmen beide die vollständig annehmende, wertfreie *Liebe* des Höheren Bewußtseins, so daß die bevorstehende Arbeit im Kraftfeld dieser Liebe stattfinden kann, dieser Liebe, die wir unser ganzes Leben lang gesucht haben, ob wir es bemerkt haben oder nicht. Atme jegliche Hindernisse aus, die dich davon abhalten, diese Liebe zu empfangen.

DIE ARBEIT MIT EINER GRUPPE

Eine Gruppe führen

Wenn ein Cutting in der Gruppe durchgeführt wird, benutzt man den Maibaum, der das Dreieck ersetzt, um alle Teilnehmer mit dem Höheren Bewußtsein zu verbinden. Auf diese Weise formt jede Person automatisch ein Dreieck mit allen anderen im Raum.

Es ist klar, daß, wenn eine Gruppe aus vielen Personen besteht, der Leiter nicht jede Person darum bitten kann, auf die Fragen und Vorschläge zu antworten. Es ist daher notwendig, die ungefähre oder durchschnittliche Zeit abzuschätzen, die von den Teilnehmern der Gruppe benötigt wird, bevor er zum nächsten Teil übergeht.

Gewöhnlich führe ich eine Gruppe durch die Trennung von zwei Bindungen an eine Person, Eigenschaft oder einen Gegenstand. Um sicherzugehen, daß alle Bindungen aller Teilnehmer gelöst sind, schlage ich vor, daß sie einen Laserstrahl visualisieren, der von der Spitze des Maibaumes durch jedes Band herunterfließt, um jegliche anderen Bindungen zu lösen, die vielleicht bei jeder Person noch nicht gelöst sind. Wenn Heilung benötigt wird, kann diese vollbracht werden, indem man das Höhere Bewußtsein bittet, Heilungsenergie durch jedes Band herunterzuschicken, zu dem Teil, der bei jedem einzelnen Teilnehmer Heilung benötigt. Um Heilung für die Person im gegenüberliegenden Kreis zu erlangen, kann jeder um die geeignete Heilungsenergie bitten, die durch das Band vom Höheren Bewußtsein herunterfließt, damit sie zu dem Teil der anderen Person fließen kann, für den sie gebraucht wird.

Wird eine Gruppe durch irgendwelche anderen Techniken, Symbole oder Visualisierungsübungen geführt, muß der Leiter sie etwas angleichen und auch die ungefähre Zeit, die für jeden Schritt benötigt wird, abschätzen, bevor er weitere Schritte durchführt.

Da die gewählte Zeit für einige zu kurz und für andere zu lang ist, sollte man klugerweise vorschlagen, daß diejenigen, die den Prozeß noch nicht beendet haben, später zu ihrer inneren Szene zurückkehren und ihn dann fortführen.

Der Maibaum – Beginn einer Gruppensitzung

Der Maibaum ist ein ausgezeichneter Weg, alle Teilnehmer einer Gruppe mit dem gemeinsamen Höheren Bewußtsein zu verbinden. Dadurch wird das Bewußtsein aller erhöht, und es sichert die Führung durch das Höhere Bewußtsein.

1. Stellt euch einen Maibaum in der Mitte des Raumes vor. Er hat viele farbige Bänder, die an seiner Spitze befestigt sind und an allen Seiten herunterhängen. Die Spitze des Maibaums verkörpert das Höhere Bewußtsein, in dem wir alle eins sind.

2. Stellt euch vor, ihr geht auf den Maibaum zu. Wählt ein Band in der Farbe, die euch am meisten anzieht.

3. Nehmt das Band in die Hand, und kehrt in eurer Vorstellung wieder an euren Platz zurück. Jeder von euch ist durch das Band mit dem Höheren Bewußtsein verbunden.

4. Wenn ihr es wünscht, bittet das Höhere Bewußtsein, als Symbol an der Spitze des Maibaums zu erscheinen, damit Es realer für euch ist.

5. Beobachtet, wie jeder von euch mit jedem anderen im Raum mit Hilfe der Bänder ein Dreieck bildet.

6. Laßt uns den Verlauf dieser Begegnung dem Höheren Bewußtsein übergeben und um Seine Führung bitten.

7. Bittet das Höhere Bewußtsein, euch durch das Band alles zu senden, was ihr braucht und wofür ihr im Moment offen seid, es zu akzeptieren. Haltet eure Hände mit geöffneten Handflächen im Schoß wie kleine Schalen, die bereit sind zu empfangen.

8. Atmet das ein, was ihr empfangt, egal, ob ihr euch dessen bewußt oder unbewußt seid. Bedankt euch beim Höheren Bewußtsein für Seine Gabe, die eine Antwort auf eure Bitte ist.

9. Atmet jegliche Zweifel oder andere Blockaden aus, die eure Empfangsbereitschaft behindern.

10. Laßt uns das Höhere Bewußtsein bitten, Seine vollkommen annehmende, absolut wert-

freie Liebe in jeden von uns hineinzugießen. Atmet sie tief ein, und laßt sie durch jeden Teil eures Körpers zirkulieren. Atmet alles aus, wie Schuld, das Gefühl der Unwürdigkeit oder eure Minderwertigkeitsgefühle, alles, was euch daran hindern könnte, dieses Geschenk anzunehmen. Fahrt fort, diese wunderbare Energie mit jedem Atemzug aufzunehmen, und laßt beim Ausatmen alte, negative Muster los.

11. Ladet jeden in diesen Raum ein, der euch in den Sinn kommt und von dem ihr wißt, daß er Hilfe oder Heilung braucht.

12. Bittet das Höhere Bewußtsein, in euch hineinzugießen, was diese Menschen brauchen. Dann lenkt diese Ströme zu ihnen, indem ihr eure Hände zusammenlegt und die Fingerspitzen auf die Menschen richtet, die ihr zu diesem Zweck eingeladen habt.

13. Nun denkt an die Menschen, die ihr nicht mögt oder die ihr irgendwie schwierig findet. Wiederholt den obigen Vorgang auch für diese Menschen.

14. Bittet, daß euch irgendwelche Orte auf der Welt gezeigt werden, wo Menschen hungern, krank sind, verfolgt werden oder aus irgendeinem anderen Grund verzweifelt sind, und schickt auch ihnen diese Energie.

15. Abschließend bittet das Höhere Bewußtsein noch einmal darum, ganz aufgefüllt zu werden mit dieser wunderbar befriedigenden, erfüllende Energie, die euch zur Verfügung steht, wann immer ihr darum bittet.

Der Maibaum –
Ende einer Gruppensitzung

Dies ist eine Kurzversion des Maibaums, durch die am Ende einer Gruppensitzung geführt wird.

1. Visualisiert oder denkt euch einen Maibaum in der Mitte des Raumes, von dessen Spitze viele Bänder in verschiedenen Farben herabhängen.

2. Stellt euch vor, ihr geht auf den Maibaum zu und wählt ein Band in der Farbe, die euch anspricht.

3. Haltet das Band lose in der Hand, und geht in eurer Vorstellung zu eurem Sitzplatz zurück.

4. Wenn ihr möchtet, dann bittet das Höhere Bewußtsein, sich in irgendeiner Form, wie zum Beispiel als ein Symbol oder eine Persönlichkeit, zu offenbaren.

5. Bittet das Höhere Bewußtsein, Es möge seine vollständig annehmende, wertfreie Liebe durch

euer Band in euch hineinsenden. Legt eure geöffneten Hände in den Schoß, und seid bereit, diese Liebe zu empfangen.

6. Atmet diese Liebe tief ein, und atmet wirklich alles aus, was euch daran hindern könnte, diese Liebe zu empfangen.

7. Beobachtet, wie sie durch jeden Teil von euch zirkuliert und alle freien Räume in euch ausfüllt.

8. Atmet alles aus, was euch daran hindern könnte, dieses Geschenk des Höheren Bewußtseins anzunehmen.

9. Stellt euch vor, daß ihr so mit dieser Energie angefüllt seid, daß sie überläuft und um euch herum einen Kokon bildet.

10. Dankt dem Höheren Bewußtsein für diesen Schutz, und stellt euch vor, daß jeder, den ihr treffen werdet, mit dieser wunderbar erfüllenden Liebe in Kontakt kommt.

11. Lenkt eure Aufmerksamkeit auf die Gegenwart und an diesen Ort zurück. Übernehmt wieder die Kontrolle über euren Körper, indem ihr ihn streckt und bewegt.

SCHUTZSYMBOLE

Der Lichtzylinder

Dieses Symbol dient als zeitlich begrenzter Schutz vor äußeren Einmischungen. Eine Person benötigt den Lichtzylinder so lange, bis sie den Grund ihrer Übersensibilität oder ihrer extremen Verwundbarkeit entdeckt hat.

1. Denke dir, stelle dir vor oder visualisiere, wie du in einem goldenen Lichtkreis stehst oder sitzt, der um dich herum auf dem Boden liegt.

2. Stell dir vor, du ziehst diesen goldenen Lichtkreis um dich herum in die Höhe, so daß ein Zylinder entsteht, der sich von deinen Füßen so hoch erstreckt, wie du es brauchst, um dich ganz geschützt zu fühlen.

3. Wenn du dich immer noch unsicher fühlst, kannst du in deiner Vorstellung eine Kappe oder einen Deckel drauflegen, wenn der Zylinder über deinen Kopf hinausragt.

4. Stell dir das bildlich vor, und fühle dich sicher eingehüllt in den Zylinder aus goldenem Licht.

Strandball

Der Strandball

Wenn du das Gefühl hast, einem Angriff ausgesetzt zu sein, ob physisch, verbal, gefühlsmäßig oder seelisch, dann ist der Strandball ein hilfreicher, zeitlich begrenzter Schutz.

Stell dir vor, visualisiere oder denke dir, daß du dich sicher in einem großen, regenbogenfarbenen Strandball aus Hartgummi befindest. Im Strandball bist du von goldenem Licht umgeben. Alles Negative, was auf dich projiziert wird, prallt an der harten Oberfläche des Balls ab und kehrt wie ein Bumerang zum Sender zurück. Das ist für den Angreifer ein »schnelles Karma«[*], weil er selbst von dem getroffen wird, womit er dich zu treffen versucht hatte. Dieses Symbol hat sich auch als außerordentlich hilfreich erwiesen, wenn es um ein Auto herum plaziert wird, das in einer unsicheren Gegend geparkt wird, und auch in vielen anderen Situationen, in denen man Schutz vor Angriffen braucht. Jeder kann auf unterschiedliche Weise mit dem Strandball experimentieren und ausprobieren, wann und wo man ihn einsetzen kann.

---

[*] Quick Karma – Kreation von Phyllis Krystal (Anm. d. Übers.)

DIE INNEREN
FESSELN SPRENGEN

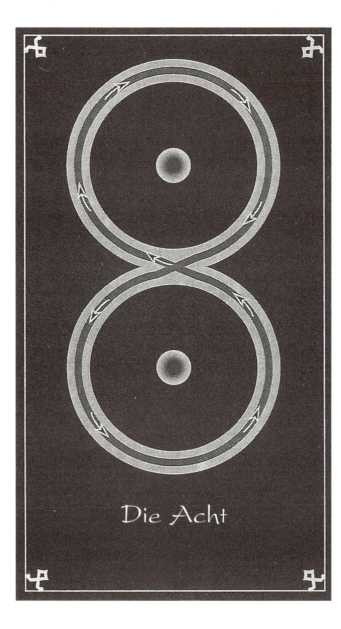

Mit der Acht beginnen

Die Acht ist ein Symbol, das einen Menschen befähigt, seinen eigenen Raum oder sein eigenes Territorium zu beschützen, und gleichzeitig verhindert die Acht, daß irgend jemand anderes in den eigenen Raum eindringen kann. Es ist ratsam, immer nur einen Menschen in dem gegenüberliegenden Kreis zu haben, wenn die Acht praktiziert wird, um die unterschiedlichen Reaktionen von mehreren Personen nicht durcheinanderzubringen.

Eine Ausnahme von dieser Regel ist es, wenn du den Wunsch hast, die Bindungen an eine Gruppe zu lösen, wie etwa eine Arbeitsgruppe, eine religiöse, politische oder eine andere Organisation, die dich kontrolliert und dich daran hindert, der Führung des Höheren Bewußtseins zu folgen.

Vor einem Cutting sollte man mindestens zwei Wochen lang die Acht praktizieren, um die Projektionen oder den Einfluß, den eine Person oder eine Sache über andere hat, zurückzuziehen. In manchen Fällen merkst du, daß du sogar noch mehr Zeit brauchst, um dich so zu fühlen, daß du für ein Cutting bereit bist.

Einige Menschen sollten zuerst die Baumübung machen, um die nötige Sicherheit zu erhalten, die von den Kosmischen Eltern ausgeht, bevor sie ein Cutting von Bezugspersonen durchführen, die ihnen bis dahin Sicherheit gegeben haben. Auch bevor ein Cutting von Objekten gemacht wird, kann es sinnvoll sein, die Baumübung eine Zeitlang zu üben.

Grundsätzlich sollte man mindestens drei Tage – besser sogar noch etwas länger – nach einem Cutting warten, bis man mit einer neuen Acht beginnt, damit das vorhergehende Cutting genügend Zeit hat, sich zu setzen. Das beste ist, wenn man das Höhere Bewußtsein fragt, von welcher Person man sich als nächstes befreien und wann man wieder mit der Acht mit der anderen Person im gegenüberliegenden Kreis beginnen soll.

Alle Symbole müssen auf dem Boden visualisiert werden. Wenn Symbole verschwommen sind, frage das Höhere Bewußtsein, wie du sie sicher auf dem Boden befestigen kannst, bevor du die Übung fortsetzt. Vielleicht bekommst du die Anweisung, die Acht am Boden festzunageln oder sie an ihrem Platz anzubinden. Öffne dich für alle Vorschläge.

Das Praktizieren der Acht

1. Stell dir vor, du sitzt oder stehst in einem goldenen Lichtkreis. Der Kreis befindet sich auf dem Boden und hat den Durchmesser deiner Arme mit ausgestreckten Fingern.

2. Visualisiere direkt vor dir einen weiteren goldenen Lichtkreis in der gleichen Größe, der deinen Kreis gerade berührt, ihn aber nicht überschneidet.

3. Beginne an dem Punkt, wo beide Kreise sich berühren. Visualisiere ein neonblaues Licht, das im Uhrzeigersinn erst um den gegenüberliegenden Kreis fließt, bis er vollständig ist.

4. Laß das blaue Licht weiter um die linke Seite deines eigenen Kreises fließen, um deinen Rücken herum, an deiner rechten Seite vorbei und wieder zurück zu dem Punkt, wo beide Kreise sich berühren, um so eine Acht zu bilden.

5. Setze das Visualisieren der Acht mit dem neonblauen Licht fort, morgens und abends, jeweils zwei Minuten lang. Das Visualisieren der Acht dient als Vorbereitung für das Cutting. Du kannst die Acht wenn notwendig auch im Laufe des Tages kurz visualisieren, wann immer dir bewußt wird, daß du jemanden zu kontrollieren versuchst oder wenn du es jemandem oder einer Sache erlaubst, Kontrolle über dich auszuüben.

Das Cutting

Diese Anweisungen sind für Leiter/Therapeuten geschrieben worden. Sie sind als Hilfe in der genauen Reihenfolge erstellt worden, um jemanden zu begleiten, der sich von ihn bindenden Fesseln lösen möchte.

Es wird davon ausgegangen, daß schon ein enges Verhältnis zwischen dem Leiter/Therapeuten und der Person, die ein Cutting von einer Autoritätsperson oder einem kontrollierenden Menschen durchführen möchte, besteht.

Diese Methode unterscheidet sich von vielen anderen, da keines der Egos der anwesenden beiden Personen die Sitzung beherrscht. Der erste Schritt ist für beide, ein Dreieck aus goldenem Licht aufzustellen, um beide mit dem gemeinsamen Höheren Bewußtsein zu verbinden. Das Höhere Bewußtsein wird an der Spitze des Dreiecks visualisiert.

Der Leiter/Therapeut gibt wörtlich die Anweisungen in der angegebenen Reihenfolge.

Das Aufstellen des Dreiecks

1. Stell dir vor, jeder von uns sitzt in einem goldenen Lichtkreis. Der Kreis entspricht dem Radius deines ausgestreckten Armes. Die Kreise befinden sich auf dem Boden und berühren sich gerade eben.

2. Visualisiere, erinnere, fühle oder denke dir einen goldenen Strahl aus Sonnenlicht, der uns beide auf dem Boden miteinander verbindet. Sage mir, wenn es klar für dich ist. Dieses ist die Basislinie unseres Dreiecks, von A nach B.

3. Visualisiere einen goldenen Lichtstrahl, der meine Wirbelsäule hinauffließt und dann oben aus meinem Kopf heaustritt. Sage mir, wenn es klar ist.

4. Stell dir einen anderen goldenen Strahl vor, der sich deine Wirbelsäule entlang hinaufbewegt und oben aus deinem Kopf herausfließt. Sage mir, wenn du es fühlst.

5. Projiziere beide Strahlen nach oben, damit sie sich am Scheitelpunkt des Dreiecks, das uns beide miteinander verbindet, treffen. Die Spitze repräsentiert unser gemeinsames Höheres Bewußtsein.

6. Wenn du es wünschst, bitte das Höhere Bewußtsein, sich dir als ein Symbol oder als eine

Personifikation zu zeigen, um dir das Visualisieren zu erleichtern.

Das Cutting – dem Höheren Bewußtsein die Führung übergeben

1. Laß uns beide gemeinsam die Führung dieser Sitzung dem Höheren Bewußtsein übergeben. Ich bitte das Höhere Bewußtsein, daß mir Fragen und hilfreiche Vorschläge gegeben werden, um sie dir anzubieten, und bitte um weitere Wege, dir zu helfen, wenn du bei der Arbeit Unterstützung brauchst. Vielleicht möchtest du um eine erfüllende und befreiende Erfahrung oder um Ähnliches in dieser Richtung bitten.

2. Bitte das Höhere Bewußtsein, dir auf deiner Seite des Dreiecks *entspannende* Energie herunterzusenden. Atme sie ein, und atme jede Spannung aus, die du vielleicht in irgendeinem Teil von dir fühlst: egal, ob sie körperlicher, mentaler, emotionaler oder irgendeiner anderen Art ist. Nimm zwei oder drei Atemzüge, und bitte darum, daß diese *entspannende* Energie während der ganzen Sitzung weiter fließen möge.

3. Bitte das Höhere Bewußtsein, dir auf deiner Seite des Dreiecks *heilende* Energie herunterzusenden. Atme sie ein, und atme jede Ver-

zweiflung oder jegliches Unbehagen aus, das du vielleicht in irgendeinem Teil von dir fühlst. Nimm zwei oder drei Atemzüge, und bitte darum, daß *heilende* Energie während der ganzen Zeit, in der wir zusammen arbeiten, weiter fließen möge.

4. Bitte das Höhere Bewußtsein, *reinigende* Energie in dich hineinzusenden, um jegliche negativen Erinnerungen, Gedanken, Gefühle oder Zustände zu beseitigen, die du bereit bist loszulassen. Nimm zwei oder drei Atemzüge, und bitte darum, daß die *reinigende* Energie während der ganzen Zeit, in der wir arbeiten, weiter fließen möge.

5. Bitte das Höhere Bewußtsein, daß beim Einatmen *stärkende* oder *kraftgebende* Energie in dich hineinfließen möge, und atme jede Schwäche aus, die du bereit bist loszulassen. Bitte darum, daß dieses während der ganzen Sitzung geschehen möge.

6. Wir atmen beide die vollständig annehmende, wertfreie *Liebe* des Höheren Bewußtseins ein, so daß die bevorstehende Arbeit im Kraftfeld dieser Liebe stattfinden kann, dieser Liebe, die wir unser ganzes Leben lang gesucht haben, ob wir es bemerkt haben oder nicht. Atme jegliche Hindernisse aus, die dich davon abhalten, diese Liebe zu empfangen.

Das Visualisieren der Acht und der Bindungen

1. Visualisiere, erinnere oder stell dir die Acht vor, die du zwei Wochen lang mit der Person oder dem Symbol in dem dir gegenüberliegenden Kreis geübt hast. Sag mir, wenn es klar ist.

2. Geh in eine Position, von der aus du den Raum zwischen deinem und (Name) Körper sehen kannst, zum Beispiel von oben oder von einer Seite.

3. Schau prüfend hoch und runter, während du das Höhere Bewußtsein bittest, dir zu zeigen, an welchem Teil deines Körpers und zu welchem Teil von (Name) Körper die verbindenden Fesseln führen.

4. Gleichzeitig nimm in deinem Körper jegliche Anspannung, Enge, Schmerz oder andere Empfindungen wahr, die vielleicht auf Bindungen hinweisen.

5. Laß mich wissen, wenn du alle Bindungen erkannt hast, und beschreibe sie mir.

Die Fesseln durchschneiden

1. Frage das Höhere Bewußtsein, welche Fessel du zuerst abtrennen sollst. Aus welchem Material ist sie, oder woran erinnert sie dich?

2. Bitte das Höhere Bewußtsein, dir die geeignete Methode zu zeigen, um sie zu entfernen, und dir das nötige Werkzeug zu geben, mit dem du die Fessel lösen sollst. Sage mir, was dir gegeben worden ist und ob du die Fessel in der Mitte oder direkt an deinem oder (Name) Körper abtrennen sollst.

3. Fahre fort, die Bindungen auf die Art und Weise zu entfernen, die dir gezeigt wird. Lege die Fesseln oder ihre Teile in deinen eigenen Kreis, um sie später zu vernichten.

Heilung des Körperteils, der von Fesseln befreit wurde

1. Prüfe genau, um herauszufinden, ob an dem Teil deines Körpers, von dem du die Fesseln abgelöst hast, Heilung notwendig ist. Wenn das der Fall ist und du Rechtshänder bist, leg deine rechte Hand auf diesen Teil, sonst nimm die linke Hand. Die andere Hand legst du so, daß der Teil des Körpers, der Heilung benötigt, zwischen den beiden Händen liegt. Bitte das Höhere Bewußtsein, heilende Energie in deine Hände zu senden.

2. Prüfe nach, um zu erkennen, ob Heilung stattfindet, und bitte darum, daß dies weiterhin geschehe, bis sie vollständig vollzogen ist.

3. Sieh bei (Name) nach, um zu erkennen, ob Heilung an dem Teil von (Name) Körper benötigt wird, von dem du die Fessel entfernt hast. Wenn ja, bitte das Höhere Bewußtsein, daß heilende Energie in deine Hände fließen möge. Lege die Handflächen zusammen, und schicke die heilende Energie hinüber zu (Name), und bitte darum, daß die Heilung weiter stattfindet, bis sie ganz vollzogen ist.

4. Setze dies weiter fort, bis alle Bindungen von beiden Körpern entfernt worden sind und die Heilung begonnen hat, so wie es oben beschrieben wurde.

(**Bitte die Reihenfolge beachten:** Ablösung Fessel, Heilung; Ablösung Fessel, Heilung etc. Anm. d. Übers.)

Das Vernichten der Fesseln

1. Frage das Höhere Bewußtsein, wie du den Haufen abgelegter Fesseln vernichten sollst. Sage mir, was du mit den Fesseln tun sollst.

2. Fahre mit der Vernichtung der Fesseln fort, und sage mir, wenn du sie beendet hast. Überzeuge dich davon, daß alle Stücke zu deiner Zufriedenheit zerstört worden sind.

Dank zum Ausdruck bringen

1. Erkläre (Name) mit deinen eigenen Worten, daß dieses Ritual ein gegenseitiges Geschenk der Freiheit für jeden von euch ist. Euch ist jetzt erlaubt, das eigene Selbst auszudrücken, anstatt daß einer vom anderen beherrscht wird. Sage mir, wenn du damit fertig bist.

2. Für den Fall, daß eine Ablösung von einem Elternteil erfolgt: Danke (Name) für seinen/ihren Anteil, daß er/sie dich mit einem menschlichen Körper ausgestattet hat, in dem du im täglichen Leben dein Karma abarbeiten kannst. (Wenn es jemand anderes als ein Elternteil ist, fahre bei Schritt 4 fort.)

3. Danke ihm oder ihr ebenso für alles andere, wofür du dankbar bist, und für alles, was er oder sie dir ermöglicht hat zu lernen. Laß mich wissen, wenn du damit fertig bist.

4. Wenn es jemand anderes als ein Elternteil ist, danke (Name) für alles, was du durch diese Beziehung gelernt hast.

Um Vergebung bitten und vergeben

1. Bitte (Name) um Vergebung für alles, was du jemals getan hast, um ihn oder sie in irgendeiner Art und Weise in diesem oder einem

anderen Leben zu verletzen. Er/sie braucht dir nicht zu vergeben, aber du mußt wirklich darum bitten. Du kannst verallgemeinern oder in Einzelheiten gehen. Sage mir, wenn du es beendet hast.

2. Bitte das Höhere Bewußtsein, dir auf deiner Seite des Dreiecks Vergebungsenergie herabzusenden für jegliche Verletzung, die (Name) dir in diesem oder einem anderen Leben zugefügt hat. Lenke die Vergebungsenergie, die du vom Höheren Bewußtsein empfängst, zu (Name) hinüber. Wieder kannst du in Einzelheiten gehen oder dich allgemein ausdrücken. Laß mich wissen, wenn du es beendet hast.

Wegschicken

1. Gib (Name) die Anweisung, sich aus deinem inneren Raum hinauszubegeben, damit du frei bist, um nur noch vom Höheren Bewußtsein geleitet zu werden. Schicke (Name) mit deinem Segen fort, und laß mich wissen, wenn er/sie weg ist.

2. Lösche den Kreis, in dem sich (Name) befand, auf die Art und Weise, die dir vom Höheren Bewußtsein gezeigt wird. Sage mir, wenn du es getan hast.

Das Entfernen alter, übernommener Verhaltensweisen und das rituelle Bad

1. Jetzt ist es notwendig, alle Verhaltensweisen, die du von (Name) übernommen hast und die dich nicht selbst ausdrücken, zu entfernen und zu vernichten. Diese Verhaltensweisen werden durch die Kleidung symbolisiert, die du in deiner inneren Szene trägst. Sage mir, wenn du vollständig ausgezogen bist, und lege die Kleidung auf einen Haufen, um sie später zu vernichten.

2. Du mußt dich auch von allen subtileren Verhaltensweisen befreien, die du von (Name) übernommen hast. Dies kann durch ein rituelles Bad geschehen. Bitte das Höhere Bewußtsein, dir ein Gewässer zu zeigen, in dem du ein rituelles Bad nehmen kannst. Sage mir, was es ist. Es kann ein Ozean, Fluß, Teich, See, Wasserfall, irgendein anderes Gewässer oder deine Badewanne oder Dusche sein.

3. Bitte um etwas, womit du deinen ganzen Körper abschrubben kannst, um ihn von den feineren Schichten aus der Beziehung zu (Name) zu befreien. Nimm es mit ins Wasser, und genieße das Entfernen aller übriggebliebenen Verhaltensweisen, die nicht zu dir gehören. Sage mir, wenn du dich ganz frei fühlst.

4. Drücke deine Freiheit auf die Weise aus, wie

es dir vom Höheren Bewußtsein gezeigt wird, und laß mich wissen, wenn du es getan hast. Wirf dich in diese Übung mit so viel Freude und Enthusiasmus, wie du aufbringen kannst.

5. Frage das Höhere Bewußtsein, wie du den Kleiderhaufen vernichten sollst, der deine alten Verhaltensweisen symbolisiert, die nicht länger notwendig sind, und laß mich wissen, wenn du es getan hast. Vergewissere dich, daß du jeden Fetzen vernichtet hast, so daß alle Verhaltensweisen vollständig zerstört sind.

Vorübergehende Schutzkleidung im Baum finden

1. Du bist jetzt verwundbar und brauchst vorübergehend eine Schutzkleidung, bis du deine eigenen Verhaltensweisen entdeckt hast. Du findest diese Kleidung entweder in den Zweigen oder in den Wurzeln eines Baumes. Bitte das Höhere Bewußtsein, dir einen Baum zu zeigen, der dein wahres Sicherheitssymbol oder dein Stützpfeiler ist, den wir alle in uns tragen. Du brauchst nicht zu wissen, wie der Baum heißt.

2. Suche deine Schutzkleidung in den Wurzeln oder Zweigen deines Baumes. Sobald du sie gefunden hast, zieh sie an, und hülle dich darin ein. Falls ein Gürtel da ist, binde ihn um.

Den Baum als dein Sicherheitssymbol benutzen

1. Stell dich nun vor den Baum, und lege deine Arme um den Stamm, um ihn zu begrüßen, aber auch um dich selbst zu vergewissern, daß er wirklich ein starker und fester Stützpfeiler ist, der dein Gewicht aushalten kann.

2. Stell oder setz dich im Abstand von fünfzehn Zentimetern mit dem Rücken vor den Stamm und laß dich dagegen fallen, mit dem Wissen, daß er dich stützen wird.

Nahrung von den Kosmischen Eltern empfangen

1. Identifiziere dich mit dem Baum, und stell dir vor, daß du genauso wie der Baum deine Wurzeln tief in Mutter Erde hineinsenkst, um die Nahrung, die du brauchst, von der Kosmischen Mutter heraufzuholen.

2. Atme ein, was auch immer du brauchst und was du von deiner menschlichen Mutter nicht unbedingt erhalten hast, wie zum Beispiel Liebe und Zuneigung, das Gefühl des Angenommenseins, Mitgefühl oder etwas anderes, was dir gefühlsmäßig gefehlt hat.

3. Atme jeglichen Zorn, Groll, jede Enttäuschung und alle ähnlichen Emotionen aus, die du in Verbindung mit deiner eigenen Mutter spürst.

4. Recke dich nach oben, so wie der Baum sich mit seinen Ästen und Blättern der Sonne, dem Kosmischen Vater, entgegenstreckt, und atme alles ein, was auch immer dir von dieser Nahrungsquelle gegeben wird. Atme alles aus, was dich daran hindern könnte, die Nahrung zu empfangen. Du darfst dir etwas Bestimmtes wünschen, was dir gegeben werden soll und was dein eigener Vater dir nicht geben konnte, als du noch ein Kind warst.

5. Atme jetzt mit jedem Atemzug aus beiden Quellen, und fühle, wie diese beiden nährenden Ströme durch deinen ganzen Körper fließen. Dabei stellen sie das von dir benötigte Gleichgewicht zwischen den Yin-Kräften der Erde und den Yang-Kräften der Sonne her.

6. Bleibe auf diese Weise in Verbindung; atme ein, was auch immer dir gegeben wird. Denke daran, dich bei deinen Kosmischen Eltern zu bedanken, die zusammen das Höhere Bewußtsein bilden.

Die Rückkehr ins Körperbewußtsein

1. Nun kehre ganz bewußt in deinen Körper zurück. Bewege ihn, und übernimm die Kontrolle, indem du den Rücken beugst, den Kopf bewegst, deine Arme und Beine streckst.

2. Kehre vollständig ins Hier und Jetzt, am (Datum) in/nach (Ort) zurück.

3. Wenn du dazu bereit bist, öffne langsam die Augen, denn denk daran, daß es zuerst sehr hell zu sein scheint.

4. Sprich über diese Sitzung mindestens drei Tage lang nicht, weil du die Energie in dir behalten mußt, damit sie wirken kann.

5. Schreibe der Person, von der du gerade ein Cutting gemacht hast, einen Brief, in dem du die gegenseitig gewonnene Freiheit bestätigst. Der Brief sollte nur die positiven Aspekte unterstreichen. Schicke oder gib den Brief **nicht** ab.

Der Baum

Wie bei der Anleitung zum Cutting errichten die beiden Personen, die miteinander arbeiten, als ersten Schritt ein goldenes Lichtdreieck. Das Dreieck verbindet die Personen mit dem gemeinsamen Höheren Bewußtsein. Das Höhere Bewußtsein verhindert jegliche Einmischung des Egos.

Der Baum symbolisiert das unpersönliche Selbst, das gegen die Versuchung immun ist, auf einen der beiden Gegensätze zu reagieren, wie zum Beispiel Heiß und Kalt, Hell und Dunkel, Schmerz und Freude. Er ist die einzige legitime Stütze beziehungsweise das einzige Sicherheitssymbol.

Teil I:
Sich mit dem Baum identifizieren

1. Bitte das Höhere Bewußtsein, dich auf irgendeinem Weg deinem Baum nahezubringen. Es ist nicht unbedingt notwendig, daß du ihn visualisierst. Vielleicht wirst du an einen Baum erinnert, der in deinem Garten wächst. Rufe dir

einen Baum aus deiner Kindheit ins Gedächtnis zurück, oder erinnere dich an einen, den du irgendwann gesehen hast, vielleicht im Urlaub oder sogar auf einem Foto oder einem Gemälde. Du brauchst den Namen des Baumes nicht zu kennen.

2. Sobald du deinen Baum erkannt hast, stell dir vor, daß du auf ihn zugehst. Leg deine Arme um seinen Stamm, um ihn zu begrüßen. Rüttle an seinem Stamm, um dich davon zu überzeugen, daß er wirklich fest im Boden verankert ist.

3. Dreh dich um, so daß dein Rücken ungefähr fünfzehn Zentimeter vom Stamm entfernt ist. Entspann dich in dem Wissen, daß er dein einziger wirklich zuverlässiger Stützpfeiler ist. Laß dich einfach gegen den Stamm fallen, anstatt dich willentlich an ihn anzulehnen. Er ist dazu da, dich zu stützen.

4. Verbinde dich mit dem Baum, fühle, wie seine Wurzeln tief in Mutter Erde stecken, die unsere Kosmische Mutter ist, und wie er sich mit den Ästen und Blättern zu Vater Sonne streckt, unserem Kosmischen Vater. Fühle, daß du die Fähigkeit des Baumes hast.

5. Atme ein und fühle dich offen, alles zu empfangen, was die Kosmische Mutter auch immer dir zu geben hat. Vielleicht möchtest du um etwas bitten, was deine leibliche Mutter dir aus

irgendeinem Grunde nicht geben konnte, zum Beispiel Zuneigung und Liebe, Unterstützung, Wertgefühl, Annahme oder irgend etwas anderes, was dir in den Sinn kommt.

6. Atme jegliche negativen Gefühle, Erinnerungen, Erfahrungen aus, wie zum Beispiel das Gefühl der Ablehnung, Mangel an Liebe und Akzeptanz, oder irgend etwas, was dich daran hindern könnte, von der Kosmischen Mutter zu empfangen, was du brauchst. Nimm zwei oder drei Atemzüge, und bitte um das, wovon die Kosmische Mutter weiß, daß du es jetzt brauchst.

7. Ahme den Baum nach, wie er seine Äste und Blätter zur Sonne, dem Kosmischen Vater, hinstreckt. Atme alles ein, was du von dieser nährenden Quelle erhältst. Vielleicht möchtest du um das bitten, was dir dein leiblicher Vater aus irgendeinem Grund nicht geben konnte, wie zum Beispiel Mut, Bestätigung, Annahme, Zuneigung und Unterstützung, oder irgend etwas anderes, was dir in den Sinn kommt.

8. Laß, während du ausatmest, Trauer, Zorn, Frustration, Enttäuschung oder irgendeine andere negative Emotion los, die du bereit bist loszulassen, alles was dich daran hindern könnte, das zu empfangen, was du aus dieser Quelle brauchst. Nimm zwei bis drei Atemzüge in diesem Rhythmus.

9. Atme zwei- oder dreimal aus beiden Quellen gleichzeitig. Atme alles aus, was du noch zurückbehalten hast, was das Fließen blockieren könnte. Beobachte die beiden Energieströme, wie sie in alle Teile deines Wesens fließen, und entspann dich in dem Gleichgewicht, das sie dir bringen.

10. Bring deine Aufmerksamkeit in die Gegenwart zurück. Es ist ... (wiederhole das Datum, die Tageszeit und den Ort), und übernimm langsam wieder die Kontrolle über deinen Körper.

Teil II:
Das Personifizieren der Kosmischen Eltern

1. Bitte die Kosmischen Eltern, sich dir in einer persönlicheren Form zu zeigen. Die Mutter wird auf deiner linken Seite und der Vater auf deiner rechten Seite erscheinen. Aber versuche nicht, den einen oder den anderen zu visualisieren oder dir bekannte Persönlichkeiten auf sie zu projizieren. Laß sie einfach eine Zeitlang so bleiben, wie sie sind; ziemlich nebulös, groß und sehr liebevoll.

2. Berühre jeden von ihnen, indem du ihre Hände nimmst, oder wähle irgendeinen anderen Weg, um mit ihnen Kontakt aufzunehmen. Absorbiere, was du von dieser Verbindung

empfängst. Entspann dich in der Sicherheit dieses warmen Kontakts, und atme langsam und tief ein, und laß beim Ausatmen jede Spannung los.

3. Bitte deine Kosmischen Eltern, ihre schützenden Arme eng um dich zu legen, und gestatte dir, ihre Liebe zu fühlen. Dies ist dein tatsächliches Zuhause, dein sicherer Ort, dein Hafen, wohin du dich jederzeit zurückziehen kannst, um dich dort wieder aufzuladen und so akzeptiert zu werden, wie du bist, ohne beurteilt zu werden.

4. Fühle dich frei, einen von ihnen um Rat zu fragen bei einem Problem, einer Situation, einer Beziehung oder irgend etwas anderem, was dir wichtig ist. Schütte ihnen dein Herz aus, wann immer du es brauchst, denn sie sind da, um dir zu helfen.

5. Komm in die Gegenwart und an diesen Ort zurück.

Teil III:
Das innere Kind einladen zu erscheinen

1. Bitte deine Kosmischen Eltern, gemeinsam mit ihnen und dem Baum in deiner inneren Szene zu erscheinen, und bitte sie, einen Kindteil von dir mitzubringen. Dieser Kindteil wurde aus

irgendeinem Grund von dem Hauptteil deiner Persönlichkeit abgeschnitten und ist in dem Alter geblieben, in dem diese Trennung stattgefunden hat. Es kann jedes Alter sein, das hängt davon ab, wann das Kind/du ein Trauma, wie zum Beispiel einen Schock, einen Verlust, eine Krankheit, einen Unfall, einen Aufenthalt im Krankenhaus oder irgendein anderes verletzendes Geschehen, erlitten hat/hast, das dich aus der Fassung gebracht hat. Beide, Männer und Frauen, erblicken vielleicht einen Jungen oder ein Mädchen. Gewöhnlich trägt ein Mädchen ein emotionales und ein Junge ein mentales oder ein psychisches Trauma für beide Geschlechter.

2. Nimm dir nun Zeit, diesem Kindteil in dir in der Weise Sicherheit zu geben, wie es deinem Gefühl nach nötig ist. Sag ihm, daß ab jetzt du die Verantwortung übernimmst und nicht mehr seine Eltern für sein Wohlergehen verantwortlich sind. Versprich dem Kind, daß du für es sorgst, so daß es anfangen kann, sich zu entwickeln und zu wachsen, um dasselbe Alter zu erreichen, in dem du jetzt bist.

3. Mach das Kind mit den Kosmischen Eltern bekannt, und erkläre ihm, daß du nun, da du die Kosmischen Eltern gefunden hast, fähig bist, ihre Liebe zu empfangen und ihm die Liebe geben kannst, die es braucht.

4. Bitte das Kind, das traumatische Geschehen, welches verursacht hat, daß dieser Teil von dir in dem jungen Alter geblieben ist, wieder in deine Erinnerung zurückzubringen. Dieser Kindteil ist unfähig, mit dem Rest deiner Persönlichkeit zu reifen.

5. Bitte das Kind, dich und die Kosmischen Eltern zu dem so schmerzlichen Geschehen zurückzuführen.

6. Spiele mit Hilfe der Kosmischen Eltern die alte Szene auf eine positive Weise neu, um mit ihrer Sicherheit, Liebe, Annahme und Hilfe die alte Erinnerung zu heilen. Laß es einfach geschehen, anstatt es selbst zu inszenieren.

7. Rahme diese neue Szene ein, und wenn das Kind alt genug ist, das gerahmte Bild zu halten, gib es ihm. Wenn das nicht möglich ist, so bewahre das Bild für das Kind als Erinnerung an die eben durchgeführte Veränderung auf.

8. Nun visualisiere die alte schmerzliche Szene noch einmal, oder rufe sie mit Hilfe des Kindes in deine Erinnerung zurück. Wenn es alt genug ist, lösche oder vernichte die Szene mit seiner Hilfe auf die Art und Weise, die sich für das Kind und dich richtig anfühlt, so daß keine Spur der alten schmerzlichen Erinnerung bleibt, die dich weiter verfolgen könnte.

9. Ihr vier: das innere Kind, du und die zwei Kosmischen Eltern, feiern deine neue Freiheit auf die Art und Weise, wie du es wünschst, jetzt, wo die alte unglückliche Erinnerung ausgelöscht worden ist. Sag deinem Kindteil, daß es nun von der alten Angst befreit ist und daß es jetzt die Freiheit hat, ein reifer Teil von dir zu werden.

10. Kehre ins Hier und Jetzt zurück.

**Teil IV:
Erwecken von Anima und Animus**

1. Wenn du ein Mann bist, rufe eine Personifikation deiner Anima, deines weiblichen Anteiles, an. Wenn du eine Frau bist, rufe eine Personifikation deines Animus, deines männlichen Anteiles, an. Die Anima sollte auf der linken Seite des Mannes erscheinen, der Animus wird zur Rechten der Frau erscheinen. Wie bei deinen Kosmischen Eltern versuche diesen inneren Partner nicht zu visualisieren. Laß ihn oder sie sich materialisieren, wenn die Zeit dafür reif ist. Vielleicht braucht es eine Weile, oder er/sie erscheint, sobald du ihn oder sie anrufst. Sei geduldig.

2. Sobald du fühlst, daß einer von beiden gegenwärtig ist, nimm Kontakt mit diesem An-

teil auf, sprich mit ihm, und aktiviere alles, was ihm erlaubt, real zu werden.

3. Kehre in die Gegenwart und an diesen Ort zurück.

DAS ABLÖSEN
KOMPLEXERER FESSELN

Das Zerstören negativer elterlicher Archetypen

Wenn das Verhalten eines Elternteils so negativ war, daß dieser dem Kind größer als das Leben und furchterregend überwältigend erschien, so kann ein überschattender negativer Archetypus der Grund dafür sein.

Manchmal erscheinen diese Symbole oder Gestalten in Träumen oder als Alpträume. Wenn das nicht der Fall ist, handle folgendermaßen.

1. Bitte das Höhere Bewußtsein, dir ein entsprechendes Symbol in deiner Vorstellung erscheinen zu lassen, welches die negative Kraft repräsentiert, die deinen Elternteil beherrschte. Einige übliche Symbole sind ein Drache, eine Meduse, eine schwarze Spinne oder ein Dämon.

2. Visualisiere die Acht, und setze das Symbol in den dir gegenüberliegenden Kreis.

3. Errichte an der Stelle, wo die beiden Kreise sich berühren, eine Barriere, wie zum Beispiel eine Steinmauer, ein Metallschild oder eine

Leinwand, eine unzerbrechliche Glasscheibe oder irgendeine andere Schutzvorrichtung.

4. Wenn es notwendig ist, visualisiere den harten Gummistrandball, der dich vollständig umhüllt und beschützt.

5. Praktiziere die Acht mindestens zwei Wochen lang. Wenn du das Bedürfnis hast, vielleicht auch noch länger.

6. Frage das Höhere Bewußtsein, wie du die negative Gedankenform, die durch das Symbol repräsentiert wird, vernichten sollst.

7. Bitte um die notwendige Hilfe, um diese Vernichtung vollständig zu erreichen, und gehe so vor, wie auch immer es dir gezeigt wird.

8. Lösche den Kreis, in dem du das negative Symbol visualisiert hast.

9. Gehe umgehend zum Baum, und atme tief von den Kosmischen Eltern ein, und laß jegliches Negative los, das du vielleicht noch von dem leiblichen Elternteil behalten hast.

10. Komm in die Gegenwart und an diesen Ort zurück, und denk daran, dich beim Höheren Bewußtsein, deinen Kosmischen Eltern, für die Hilfe bei der Vernichtung des negativen Archetypus zu bedanken.

Die schwarze Familienwolke auflösen

Manche Familien sind von etwas überschattet, das sich wie eine schwarze Wolke anfühlt. Diese Wolke ist im Laufe der Jahre herabgekommen und beeinflußt verschiedene Mitglieder der Familie, wann immer sie durch einen Verwandten aktiviert wird. Dies geschieht durch eine Tat oder eine Situation, die dem ursprünglichen Geschehen ähnelt, in der die Wolke entstanden ist.

1. Wenn du vermutest, daß dies in deiner Familie der Fall ist, bitte das Höhere Bewußtsein, dir ein Bild der schwarzen Familienwolke, die einige Mitglieder deiner Familie kontrolliert, in deine innere Szene zu bringen.

2. Wenn du in einer Gruppe arbeitest, weise alle Teilnehmer an, den Maibaum zu visualisieren, und fordere jede Person auf, ein Band zu nehmen, um sich mit dem Höheren Bewußtsein zu verbinden.

3. Bitte das Höhere Bewußtsein, durch jedes Band die Energie herunterzusenden, die not-

wendig ist, um die schwarze Wolke aufzulösen. Jeder Teilnehmer schickt die Energie in die visualisierte schwarze Wolke, indem er seine Handflächen zusammenlegt und die Finger auf die schwarze Wolke richtet.

4. Wenn du nur mit einer Person arbeitest, errichtet gemeinsam das Dreieck, um jeden mit dem Höheren Bewußtsein zu verbinden.

5. Jeder kann an eine schwarze Wolke denken oder eine visualisieren. Bitte das Höhere Bewußtsein, dir die richtige Energie zu senden, um diese Wolke aufzulösen, und schicke diese neutralisierende Energie durch deine aufeinandergelegten Handflächen und ausgestreckten Finger in die Wolke hinein.

Möglicherweise ist es notwendig, diese Übung mehrmals zu wiederholen.

Der Korridor

Die folgende Übung ist außerordentlich wirksam, um einer Person dabei zu helfen, die Ursache für ein gegenwärtiges Problem zu finden. Dies kann von einem vergessenen Trauma, einer unangenehmen Episode aus der Kindheit oder sogar aus einem vergangenen Leben stammen.

Die Übung kann helfen, Licht in solche Fragen zu bringen, wie zum Beispiel: »Warum verhalte ich mich auf eine bestimmte Art?« oder: »Warum habe ich diese bestimmte Angst?« oder: »Warum fühle ich mich so unsicher?«; »Warum habe ich eine so geringe Selbstachtung?«; »Warum fühle ich mich immer abgewiesen, und warum suche ich solche Zurückweisungen?«

1. Bitte das Höhere Bewußtsein, dich zu deinem Baum zu führen, und bitte die Kosmischen Eltern, zu erscheinen, genauso wie zu Beginn der Baumübung.

2. Bitte die Kosmischen Eltern, dich zu begleiten, während du in deiner Vorstellung einen langen Korridor entlanggehst, der auf beiden Seiten

viele Türen hat. An jeder Tür ist ein Zeichen angebracht, wie zum Beispiel für Angst, Habgier, Zorn, Unsicherheit, oder ein anderes Problem.

3. Betrachte, während ihr den Korridor entlanggeht, auf beiden Seiten die Zeichen, die über jeder Tür zu sehen sind, bis ihr zu der Tür kommt, die du suchst.

4. Untersuche die Tür, um herauszufinden, wie man sie öffnen kann, ob mit einem Schlüssel, einem Knauf oder Türgriff, einem Riegel oder auf irgendeine andere Art.

5. Mit Unterstützung der Kosmischen Eltern öffnest du die Tür und betrittst mit ihnen gemeinsam den Raum.

6. Bitte deine Kosmischen Eltern, dir zu helfen, das zu sehen oder zu erfahren, was auch immer du wissen mußt und was sich auf die Lösung deines Problems bezieht.

7. Bitte sie, dir zu helfen, die alte Szene wieder durchzuspielen, indem sie korrigieren, heilen, raten oder etwas anderes erklären, was dich dabei unterstützt, die alte Szene loszulassen.

8. Wenn du zufrieden darüber bist, daß dir genügend Einblick und die erforderliche Hilfe ge-

geben wurde, dann kehrt durch die Tür zurück und verschließt sie sorgfältig hinter euch.

Cutting von mehreren Partnern

Für Frauen, die mit vielen verschiedenen Partnern eine sexuelle Begegnung hatten, gibt es die Möglichkeit, ein »mehrfaches« Cutting durchzuführen. Da Männer sich oft während des sexuellen Aktes ihrer angehäuften Spannungen, ihres Zorns, ihrer Frustration und anderer negativer Gefühle entledigen, ist es notwendig, den Frauen diese Last, die sie empfangen haben, zu nehmen.

Zunächst ist es wichtig, daß sie die Acht um alle Männer, mit denen sie Geschlechtsverkehr hatte, praktiziert, indem die Frau alle in den gegenüberliegenden Kreis plaziert. Es werden all diejenigen Männer, die namentlich bekannt sind, und ebenso alle, an deren Namen sie sich nicht mehr erinnern kann, mit einbezogen. Die Acht muß mindestens zwei Wochen lang morgens und abends visualisiert werden.

Dann visualisiert die Frau Strohhalme oder Röhren, die ihr Geschlechtsorgan mit dem eines jeden Mannes verbinden. Bei jedem Ausatmen wird die Frau angewiesen, alles loszulassen, was sie vielleicht noch von irgendeinem der verschiedenen Männer behalten haben könnte, indem sie den Atem kräftig ausstößt oder ihn mit einem Seufzer herausläßt. Bei jedem Einatmen sollte sie goldenes Licht visualisieren und es in sich hineinströmen lassen, um sich zu reinigen, zu entspannen, zu heilen und jeden Teil zu regenerieren, der solche Behandlung benötigt.

Dann muß sie alle Männer um Vergebung bitten, für alles, womit sie ihnen je in irgendeiner Weise geschadet hat. Sie bittet das Höhere Bewußtsein, jedem von ihnen das zu vergeben, was er je getan hat, um sie zu verletzen. Sie endet damit, daß sie sich sowohl für alles bedankt, was sie von den Männern gelernt hat, als auch für das, was sie in dem Lebensabschnitt gelernt hat.

DIE LÖSUNG VON EINSCHRÄNKENDEN ROLLEN

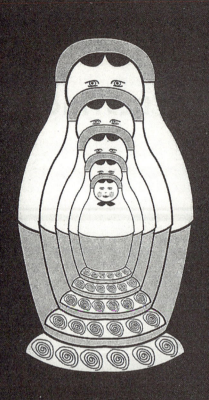

Babuschka
(Matroschka)

Die Babuschka

Die Babuschka symbolisiert die Rolle, die dir in der Regel während der Kindheit von einem oder beiden Elternteilen übergestülpt worden ist. Es ist die Rolle, die sich bis zum heutigen Tage fortgesetzt hat.

Jede Puppe symbolisiert die Rolle, die in verschiedenen Altersstufen in dich hineinprojiziert worden ist: die kleinste im frühen Alter, die äußerste, größte Puppe symbolisiert die Rolle, die du immer noch spielst, oft recht unpassend für dein jetziges Alter.

Praktiziere die Acht zwei Wochen lang mit der Babuschka im anderen Kreis. Nun, da du die Acht mit der Babuschka im anderen Kreis geübt hast, ist es notwendig, daß jede Puppe separat vernichtet wird. Beginne mit der äußeren, um dich davon zu befreien, diese Rolle immer weiterspielen zu müssen.

1. Frage das Höhere Bewußtsein, wie du die größte, äußere Puppe vernichten sollst. Sie symbolisiert die Rolle, die du immer noch spielst.

2. Stell dir vor, daß du das tust, was auch immer dir gezeigt wird, und vergewissere dich, daß sie vollkommen zerstört ist.

3. Frage das Höhere Bewußtsein, wie du die nächstkleinere Puppe vernichten sollst.

4. Befolge die Anweisungen, die dir vom Höheren Bewußtsein gegeben werden, und achte darauf, daß jedes Stückchen von ihr entfernt wird.

5. Fahre fort mit jeder einzelnen Puppe, und laß dich vom Höheren Bewußtsein anleiten, bis du die kleinste Puppe erreicht hast.

6. Frage das Höhere Bewußtsein, was du mit der kleinsten Puppe tun sollst, da sie den Samen beziehungsweise den Kern deiner ursprünglichen Persönlichkeit enthält, die hinter der aufgezwungenen Rolle versteckt war.

7. Strecke dich, und dehne dich aus in dem Wissen, daß du jetzt frei von der einengenden Rolle bist. Du kannst dir jetzt so Ausdruck verleihen, wie du es in verschiedenen Situationen für richtig hältst.

8. Bedanke dich beim Höheren Bewußtsein für Seine Hilfe.

Der Ballon

Dieses Symbol repräsentiert die Rolle, die du dir gewählt hast, um dich in die Familie einzufügen, in die du hineingeboren bist. Du spielst die Rolle, um das zu erhalten, was du für deine Sicherheit brauchst.

Die Acht muß zwei Wochen lang mit dem Ballon in dem anderen Kreis praktiziert werden. Nach dem zweiwöchigen Praktizieren mit dem Ballon in dem gegenüberliegenden Kreis ist es an der Zeit, die Luft aus dem Ballon herauszulassen. Befreie jetzt die Energie, die du diese ganzen Jahre über in der Rolle deponiert hast, um sie für deinen eigenen Gebrauch zurückzugewinnen.

1. Visualisiere den Ballon direkt vor dir, und stelle fest, an welchem Teil deines Körpers er festgemacht ist.

2. Leg deine Hände auf die Seiten deines imaginären Ballons.

3. Presse den Ballon zwischen deinen Händen zusammen. Während du drückst, atme etwas

von der Energie, die der Ballon enthält, zurück in dich hinein.

4. Hör auf, den Ballon weiter zusammenzudrücken, und atme jede weitere Notwendigkeit aus, an dieser Rolle in deinem jetzigen Leben festzuhalten.

5. Wiederhole diesen Atemrhythmus so lange, bis du den Ballon vollständig entleert hast.

6. Drück den leeren Ballon in deinen Händen, um sicher zu sein, daß er wirklich zusammengefallen ist.

7. Entferne ihn von der Stelle, an der er befestigt war, und bitte das Höhere Bewußtsein, dir zu zeigen, wie du den leeren Ballon vernichten kannst, damit diese alte, nicht mehr notwendige Rolle oder das entsprechende Verhaltensmuster dich nicht länger beherrscht.

8. Atme weiterhin tief, strecke und weite dich aus in der Gewißheit, daß du jetzt frei bist, dich auszudrücken, ohne daß dich diese alte Rolle auf deinem Weg behindert.

9. Danke dem Höheren Bewußtsein für Seine Hilfe.

DAS BESEITIGEN VON BEGRENZUNGEN

Die Sanduhr

Die Sanduhr ist ein Symbol, das hilft, Begrenzungen zu entfernen, die viele Menschen sich entweder bewußt oder unbewußt in ihr Leben gesetzt und ihnen einen Platz gegeben haben. Diese Begrenzungen schränken die Menschen auf vielfältige Weise ein.

Die Sanduhr kann allein oder mit einem Partner praktiziert werden, der entweder physisch anwesend ist oder sich in der Ferne befindet.

Teil I:
Die Sanduhr allein benutzen

1. Visualisiere auf dem Boden deinen goldenen Kreis in Armeslänge um dich herum.

2. Stell dir vor, du ziehst den Kreis in Form eines Kegels vorsichtig nach oben, mit der Spitze ein wenig oberhalb deines Kopfes.

3. Errichte einen anderen, umgekehrten Kegel oberhalb des ersten, wobei beide Spitzen sich

treffen und den Hals der Sanduhr bilden; an dieser Stelle befindet sich das Höhere Bewußtsein.

4. Visualisiere den oberen Kegel weit zum Himmel geöffnet.

5. Bitte das Höhere Bewußtsein, all das, von dem Es weiß, daß du es benötigst, von irgendwoher aus dem ganzen Universum in den oberen Kegel hineinzubringen, so daß es gefiltert zur passenden Zeit und im rechten Maße in dein Leben treten kann.

6. Wenn du etwas Bestimmtes brauchst oder einen speziellen Wunsch hast, bitte darum, daß die Lösung oder Antwort dir auf diesem Wege gebracht wird. Versuche, nicht zu spezifisch zu sein bei dem, was du empfangen möchtest. Laß das Höhere Bewußtsein für dich entscheiden.

7. Danke dem Höheren Bewußtsein für das, was auch immer Es dir schickt. Ergib dich seinem Willen, versprich, ihm zu vertrauen, daß Es nur das bringt, von dem Es weiß, daß du es brauchst. Gelobe zu akzeptieren, was auch immer Es dir schickt, ob du damit einverstanden bist oder auch nicht.

Wiederhole diese Übung, sooft du möchtest, für jeden Wunsch, den du hast, und für alle anderen Wünsche, die entstehen.

Teil II:
Die Sanduhr mit einem Partner benutzen

Wenn du einen Partner hast, mit dem du regelmäßig das Dreieck benutzt, egal, ob ihr voneinander entfernt oder zusammen seid, könnt ihr die Sanduhr praktizieren, indem ihr das Dreieck benutzt. Diese Methode ist viel kraftvoller, als wenn du sie allein praktizierst, weil du den Nutzen des Wechselstroms erhältst anstatt direkten Strom.

1. Visualisiere das Dreieck, das dich und deinen Partner an der Spitze mit dem Höheren Bewußtsein verbindet.

2. Stell dir einen goldenen Kreis um das Dreieck herum vor, und ziehe die Seiten hoch, um einen Kegel zu bilden. Die Spitze des Kegels befindet sich am höchsten Punkt des Dreiecks.

3. Visualisiere einen weiteren Kegel umgekehrt über dem ersten. Die zwei Spitzen treffen sich, um eine Sanduhr zu bilden, mit dem Höheren Bewußtsein an der schmalsten Stelle, wo die beiden Kegel miteinander verbunden sind.

4. Visualisiere den oberen Kegel weit geöffnet zum Himmel.

5. Bitte das Höhere Bewußtsein, all das, von dem Es weiß, daß du es benötigst, von irgendwoher aus dem ganzen Universum in den oberen

Kegel hineinzubringen, so daß es gefiltert zur passenden Zeit und im rechten Maße in dein Leben treten kann.

6. Wenn du etwas Bestimmtes brauchst oder einen speziellen Wunsch hast, bitte darum, daß die Lösung oder Antwort dir auf diesem Wege gebracht wird. Versuche, nicht zu spezifisch zu sein bei dem, was du empfangen möchtest. Laß das Höhere Bewußtsein für dich entscheiden.

7. Danke dem Höheren Bewußtsein für das, was auch immer Es dir schickt. Ergib dich Seinem Willen, versprich, Ihm zu vertrauen, daß Es nur das bringt, von dem Es weiß, daß du Es brauchst. Gelobe zu akzeptieren, was immer Es dir schickt, ob du damit einverstanden bist oder auch nicht.

Wiederhole diese Übung, sooft du möchtest, für jeden Wunsch, den du hast, und für alle anderen Wünsche, die entstehen.

DAS VERNICHTEN
NEGATIVER EIGENSCHAFTEN

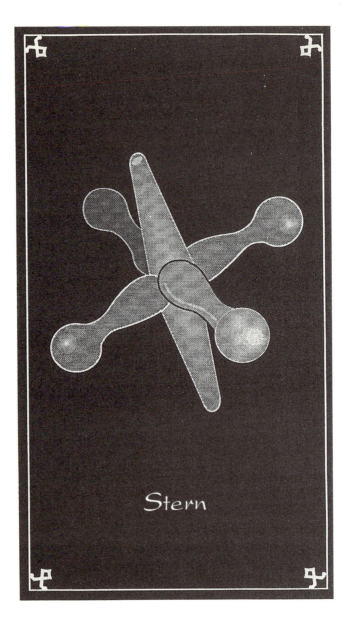

Der Stern – um Angst zu beseitigen

1. Laß deine Gedanken in eine Situation zurückschweifen, in der du eine bestimmte Art von Angst hattest.

2. Erlaube dir, diese Angst wiederzuerleben, und beobachte, wo im Körper du sie fühlst. Ist es zum Beispiel ein Kloß im Hals, ein flaues Gefühl im Magen, eine Enge im Solarplexus oder ein Unbehagen an irgendeiner anderen Stelle?

3. Woran erinnert sie dich – an glühende Kohle, an einen Eiswürfel, an eine stachelige Klette oder an irgendein anderes Symbol?

4. Stell dir vor, du greifst hoch in die Luft über deinen Kopf und ergreifst einen Stern aus Licht; die Spitzen des Sterns bestehen aus Lichtstrahlen.

5. Zieh den Stern herunter, als ob er an einem Flaschenzug hinge, so wie einige Lampen an der Zimmerdecke aufgehängt sind.

6. Laß den Stern ungefähr fünfzehn Zentimeter von deinem Körper entfernt in der Höhe deines Solarplexus beziehungsweise deines Zwerchfells hängen.

7. Laß, während du ausatmest, dein Angstsymbol aus dem Körperteil los, in welchem du es aufgespürt hast. Es wird wie von einem Magneten von der Mitte des Sterns angezogen, der das Symbol wie in einem »schwarzen Loch« neutralisiert.

8. Atme das Licht ein, das von den Spitzen des Sterns ausstrahlt. Das Licht nimmt jetzt den Raum ein, es ersetzt die Angst, die du gerade vertrieben hast. Das Licht heilt das alte Trauma, das die Angst ausgelöst hat.

9. Wiederhole diesen Atemrhythmus mit derselben Angst nicht länger als fünf Minuten lang.

10. Schiebe den Stern mit Hilfe des Flaschenzuges wieder über deinen Kopf, wo er bereithängt für das nächste Mal, wenn du ihn brauchst.

Du kannst diese Übung mit derselben Angst so oft am Tag wiederholen, wie du möchtest. Wenn du dich dazu bereit fühlst, kannst du zu einer anderen Angst überwechseln und die Übung wiederholen.

Der Umgang mit Zorn

Der Zorn ist eine der destruktivsten Emotionen, sowohl für den, der zornig ist, als auch für denjenigen, auf den er gerichtet ist.
Ein Mensch wird höchstwahrscheinlich zornig werden, wenn er nicht das bekommt, was er haben will, oder etwas bekommt, was er nicht haben will. Darum ist der erste Schritt, den vereitelten Wunsch zu finden, der die zornige Reaktion hervorgerufen hat, und ihn anzusprechen.

1. Bitte das Höhere Bewußtsein, dir eine Zeit ins Gedächtnis zurück zu rufen, als du sehr zornig warst.

2. Versetz dich nur so weit in den Zorn zurück, daß du beobachten kannst, wo er sich in deinem Körper bemerkbar macht, wie zum Beispiel in der Kehle, im Magen, im Solarplexus oder einem anderen Körperteil.

3. Versuche herauszufinden, wie er sich anfühlt. Ist er heiß oder kalt, scharf oder glatt, schwer oder leicht, lebendig oder leblos, oder anders?

4. Frage das Höhere Bewußtsein, wie du das Symbol für Zorn, was sich in einem Teil deines Körpers befindet, entfernen kannst.

5. Frage das Höhere Bewußtsein, wie du das Symbol, das dir in irgendeiner Form erschienen ist, vernichten kannst. Die Art der Vernichtung hängt von der Form des Symbols ab.

6. Frage das Höhere Bewußtsein, welches Symbol du benutzen sollst, um es an die Stelle zu setzen, wo vorher der Zorn gesessen hat, so daß du die gegenteilige Emotion fühlen kannst.

7. Bitte das Höhere Bewußtsein, dir das zu geben, was du benötigst, damit du das Verlangen, das deinen Zorn verursacht hat, loslassen kannst.

Eifersucht und Neid vernichten

Diese negativen Emotionen werden von vielen Menschen oft miteinander verwechselt.

Eifersucht kann entstehen, wenn ein Mensch den Verlust eines anderen Menschen oder einer Sache befürchtet, den oder die er für sich behalten möchte, und dann diesen Menschen oder diese Sache eifersüchtig bewacht. Neid entsteht, wenn ein Mensch jemanden oder etwas haben will, der oder das zu jemand anderem gehört, und er auf die Person neidisch ist, zu der der Mensch oder die Sache gehört.

Eifersucht

1. Was ist der Grund für deine Eifersucht? Woran hältst du fest, weil du befürchtest, daß es dir gestohlen werden könnte?

2. Bitte darum, daß dir ein Symbol für diese negative Emotion gezeigt wird. Es könnte eine geballte Faust sein, die etwas festhält, was du für dich behalten willst.

3. Praktiziere die Acht mit dir in dem einen und dem Symbol deiner Eifersucht in dem anderen Kreis, wie üblich zwei Wochen lang.

4. Stell dir vor, du schneidest die zwei Kreise mit einem scharfen Instrument auseinander.

5. Stoße den Kreis, der das Symbol für deine Eifersucht enthält, hinaus in den Weltraum oder ins Meer, oder entledige dich seiner mit irgendeiner anderen Methode, die dir in den Sinn kommt, während du das Höhere Bewußtsein um Hilfe bittest.

6. Bitte das Höhere Bewußtsein, dir nur das zu geben, was du wirklich brauchst.

7. Kehre vollständig ins Hier und Jetzt zurück.

Neid

1. Was verursacht deinen Neid auf jemanden, der etwas besitzt, was du selber auch haben willst?

2. Bitte darum, daß dir ein Symbol für diese negative Emotion gezeigt wird. Es könnte vielleicht eine greifende Hand sein, die sich nach etwas ausstreckt, was jemand anderem gehört.

3. Praktiziere wie üblich zwei Wochen lang die Acht mit dir und dem Symbol für deinen Neid.

4. Stell dir vor, du schneidest die beiden Kreise mit einem scharfen Instrument auseinander.

5. Stoße den Kreis mit dem Symbol hinaus in den Weltraum oder in den Ozean, oder benutze irgendeine andere Methode, die dir in den Sinn kommt, um den Neid loszuwerden.

6. Bitte das Höhere Bewußtsein, dir nur das zu geben, was du wirklich benötigst, weil Es am besten weiß, was du brauchst.

7. Komm in die Gegenwart und an diesen Ort zurück.

Die Gier loslassen

Gier ist ein bis zum Äußersten getriebenes Verlangen. Sie entsteht aus einer verzweifelten – obgleich trügerischen – Begierde, soviel wie möglich von dem zu haben, wovon man sich eine Garantie für Sicherheit und Erfüllung erhofft.

Gier ist wie ein Bandwurm mit einem riesigen, weit aufgerissenen Maul, das von ausgestreckten, habgierigen Händen umsäumt ist.

1. Praktiziere wie gewöhnlich zwei Wochen lang die Acht mit dem obigen Symbol (oder irgendeinem anderen, das die Gier definiert und dir zusagt). Lege dieses Symbol in den dir gegenüberliegenden Kreis.

2. Frage am Ende der zweiten Woche das Höhere Bewußtsein, wie das Symbol deiner Gier vernichtet werden soll.

3. Führe alle Anweisungen, die du erfährst oder die dir in den Sinn kommen, aus.

4. Atme die Energie, die du in irgendeiner Form in die Gier investiert hast, zurück in dich hinein.

5. Laß, während du ausatmest, jegliche Notwendigkeit, die Gier zu hegen, los. Du kannst sicher sein, wenn du darum bittest, daß das Höhere Bewußtsein dir das gibt, von dem Es weiß, daß du es brauchst, und zwar zur rechten Zeit und im richtigen Maße.

6. Bitte das Höhere Bewußtsein, dich mit Seiner Liebe zu erfüllen, um den Bandwurm oder das andere Symbol, das dir für deine Gier gezeigt wurde, zu ersetzen.

7. Bedanke dich beim Höheren Bewußtsein für Seine Hilfe, und versprich, mit Hingabe und Vertrauen alles das zu akzeptieren, was auch immer Es dir in der Zukunft geben wird.

8. Kehre ins volle Bewußtsein deines Körpers, in die gegenwärtige Zeit, zum heutigen Datum und an diesen Ort zurück.

Schuldgefühle beseitigen

Schuldgefühle sind eine einengende Emotion und können mit einem schwarzen Neoprenanzug für Surfer verglichen werden.

1. Stell dir vor, du trägst am ganzen Körper einen enganliegenden, schwarzen Neoprenanzug, wie er von Surfern getragen wird.

2. Bitte das Höhere Bewußtsein, dir ein bestimmtes Schuldgefühl zu zeigen, das du noch von irgendeiner negativen Handlung, einem negativen Gedanken oder negativen Gefühl mit dir herumträgst, eines, das du zu einem bestimmten Zeitpunkt deines Lebens ausgedrückt hast.

3. Bitte darum, daß dir gezeigt wird, wie du das, was auch immer du getan hast und was dein Schuldgefühl verursacht hat, wiedergutmachen kannst.

4. Zieh den Neoprenanzug aus, entweder in einem Stück oder in schmalen Streifen oder

Stückchen, und lege ihn auf einen Haufen vor deine Füße.

5. Frage das Höhere Bewußtsein, wie du den Anzug vernichten sollst, durch Feuer, Säure oder auf irgendeine andere Weise.

6. Vergewissere dich, daß jedes Stückchen vernichtet worden ist.

7. Bitte darum, daß dir ein Gewässer gezeigt wird, in dem du ein reinigendes Bad nehmen kannst, und schrubbe deinen ganzen Körper ab, um ihn von Schuld zu befreien.

8. Drück deine Freiheit von dem Schuldgefühl so aus, wie du es möchtest, während du deinen ganzen Körper der Luft und dem Sonnenlicht aussetzt.

9. Geh zu deinem Baum, um dein neues Gewand zu finden, und zieh es an.

10. Bedanke dich beim Höheren Bewußtsein für deine neugewonnene Freiheit und dafür, daß du nun frei von Schuld bist.

11. Kehre zum vollen Bewußtsein ins Hier und Jetzt zurück.

Geeignete Symbole für subtilere Probleme

Viele Menschen haben Schwierigkeiten, ein Symbol zu finden für die Darstellung weniger greifbarer Probleme, wie negative Gedanken, Gewohnheiten und Ängste oder eine Sucht nach Macht und Kontrolle oder andere ähnliche einschränkende Bedingungen.

Es gibt zwei ähnliche Methoden, um ein passendes Symbol zu finden; beide sind gewöhnlich erfolgreich.

Ein Symbol zeichnen

1. Führe irgendeine Aktivität aus, wie zum Beispiel fernsehen oder ein spannendes Buch lesen, um den bewußten Verstand von seiner Kontrolle über das, was du gleich tun willst, abzulenken.

2. Lege Kreide, Buntstifte oder Bleistifte und ein einfaches Blatt Papier bereit.

3. Wenn du Rechtshänder bist, benutze für diese Übung die linke Hand. Wenn du Linkshänder bist, benutze die rechte Hand.

4. Bitte das Höhere Bewußtsein, deine Hand zu führen, um eine Zeichnung herzustellen, die den beherrschenden Faktor symbolisiert, von dem du dich befreien willst. Du brauchst weder ein Kunstwerk noch ein erkennbares Bild zu erschaffen.

5. Frage das Höhere Bewußtsein, was du tun sollst, um dieses Symbol zu vernichten. Fahre fort, die Instruktionen in die Praxis umzusetzen, handle so, als ob du sie wirklich ausführen würdest.

6. Damit sich die Botschaft weiter einprägen kann, frage das Höhere Bewußtsein als nächstes, wie du die Zeichnung, die du gemalt hast, loswerden kannst. Du solltest die Zeichnung so bald wie möglich vernichten.

Ein Symbol aus Modelliermasse formen

1. Wenn du es vorziehst, eine Modelliermasse zu benutzen, muß die Aufmerksamkeit deines bewußten Verstandes wieder durch eine dich vollständig in Anspruch nehmende Beschäftigung abgelenkt werden.

2. Lege einen Klumpen Modelliermasse und irgendein scharfes Instrument bereit, welches du zum Modellieren benutzen kannst.

3. Du kannst die Modelliermasse mit beiden Händen oder mit einer Hand bearbeiten.

4. Bitte das Höhere Bewußtsein, deine Hände zu führen, um ein Modell zu formen, das den negativen Aspekt ausdrückt, den du loswerden willst. Wie bei der Zeichnung brauchst du auch hier kein Meisterstück zu erschaffen.

5. Frage das Höhere Bewußtsein, wie du dich davon befreien sollst, und setze in die Praxis um, was auch immer dir in den Sinn kommt.

6. Frage das Höhere Bewußtsein, wie du das Tonmodell loswerden kannst, damit die Botschaft einen noch tieferen Eindruck macht. Setze es so schnell wie möglich um, was auch immer dir für eine Methode gegeben wurde.

Die Symbole vernichten

Es gibt viele Möglichkeiten, um das Symbol eines Fehlers oder eines negativen Aspekts, den du bereit bist loszulassen, zu vernichten.

Das Symbol kann einer Autoritätsperson, wie zum Beispiel deiner Personifizierung des Höheren Bewußtseins, oder einer anderen vertrauenswürdigen Gestalt übergeben werden.

Es kann hochgehalten werden, damit es von einer riesigen Fackel verbrannt wird, oder man kann es in eine ewige Flamme hineinwerfen, die sich in der Mitte einer großen Platte befindet.

Wenn dir keiner dieser Vorschläge gefällt, bitte das Höhere Bewußtsein, dir eine geeignete Methode für deinen individuellen Bedarf zu geben.

ENTSCHEIDUNGEN TREFFEN

Die Waage –
für zwei Wahlmöglichkeiten

Die Waage ist nützlich, wenn man sich zwischen zwei möglichen Alternativen entscheiden muß.

1. Visualisiere oder erinnere eine große Waage, mit der man Objekte wiegt. Sie hat eine Mittelstange und zwei Arme – an jeder Seite einen, von denen je eine Waagschale herunterhängt.

2. Plaziere ein Symbol oder Modell für eine deiner Wahlmöglichkeiten in eine der Waagschalen.

3. Leg das Symbol oder Modell für die andere Wahlmöglichkeit in die andere Waagschale.

4. Wende dich von deiner inneren Szene ab, und zähle bis zehn.

5. Dreh dich dann wieder um, und sieh dir die Waage an. Schau, welche Waagschale niedriger hängt als die andere. Dies wird die richtige Wahl sein, da sie mehr Gewicht hat.

6. Wenn beide Waagschalen in gleicher Höhe hängen, kannst du annehmen, daß beide Möglichkeiten annehmbar sind.

Die Waage der Gerechtigkeit

In einer Situation, in der du einem möglichen Problem gegenüberstehst, das eine Gruppe von Menschen betrifft, kannst du die Waage der Gerechtigkeit als Symbol benutzen. Immer wenn es sich um eine Situation handelt wie zum Beispiel ein Gerichtsverfahren, eine Geschäftsverhandlung, eine Familienkrise oder in ähnlichen Fällen, kannst du die Waage benutzen, um deinem Unterbewußtsein die aufklärende Botschaft zu vermitteln, daß es dein Wunsch ist, allen Beteiligten möge Gerechtigkeit widerfahren.

1. Bitte das Höhere Bewußtsein um ein Symbol, welches die Situation darstellt, in der du eine gerechte Lösung für alle suchst.

2. Visualisiere die Waage der Gerechtigkeit oberhalb des Symbols, das dir gegeben wurde und das die Situation repräsentiert. Die Waagschalen sind auf beiden Seiten ausgewogen.

3. Bitte das Höhere Bewußtsein, Gerechtigkeit für alle Parteien herbeizuführen auf die Art und

Weise, die Es für die erfolgversprechendste hält.

4. Wiederhole diese Übung immer dann, wenn du über diese Situation nachdenkst, und laß sie mit einem Seufzer oder einem Achselzucken los, um hiermit dem Unterbewußtsein einzuprägen, daß du die Kontrolle über das Ergebnis losgelassen hast.

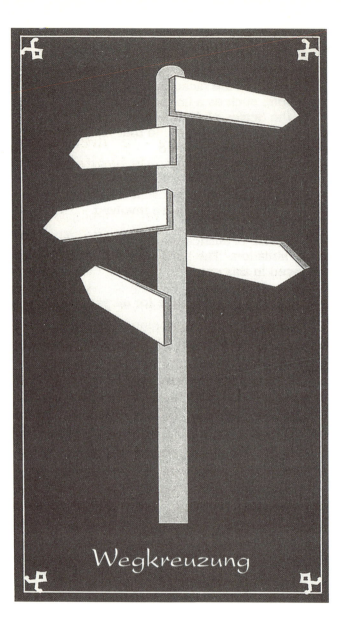

Die Wegkreuzung – für drei oder mehr Wahlmöglichkeiten

Wenn es mehr als zwei Wahlmöglichkeiten gibt, mit denen du konfrontiert wirst, kannst du statt der Waage die Wegkreuzung benutzen.

Wenn du an einer Wegkreuzung deines Lebens stehst, stell dir vor, denke dir oder visualisiere einen Wegweiser mit mehreren Richtungsschildern; auf jedem von ihnen ist eine deiner Wahlmöglichkeiten vermerkt. Bitte das Höhere Bewußtsein, dich zu führen.

Sobald alle Wahlmöglichkeiten auf den Richtungsschildern vermerkt sind, wende dich für einen Augenblick von deiner inneren Szene ab, und schaue dann schnell wieder zurück, um zu sehen, welches der Zeichen immer noch klar ist, weil es das ist, dem du folgen solltest.

Manchmal wird mir von Menschen berichtet, daß sie einen oder mehrere Wege einschlagen und entlanggehen mußten, um zu sehen, wohin er sie führen würde, bevor sie in der Lage waren, eine richtige Entscheidung für sich zu treffen.

GEGENSÄTZE AUSGLEICHEN

Mandala

Das Mandala – Intuition, Intellekt, Sinneswahrnehmungen und Emotionen ins Gleichgewicht bringen

Das Mandala repräsentiert die vier Funktionen, die wir alle in uns tragen und als Werkzeuge im täglichen Leben benutzen. Die Funktionen sind die Intuition, der Intellekt, die Sinneswahrnehmungen und die Emotionen.

Wir alle haben alle vier, aber sie stehen nicht jedem gleichermaßen zur Verfügung; einige bleiben auf einer unbewußten Ebene der Wahrnehmung.

Die vier Funktionen bilden ein Kreuz, das aus Gegensätzen besteht. Die Intuition oben wird gelb visualisiert, darunter steht Grün für die Sinneswahrnehmungen; sie bilden den senkrechten Balken des Kreuzes. Den horizontalen Balken bilden links die Emotionen mit der Farbe Altrosa, und rechts repräsentiert die Farbe Blau den Intellekt.

Sie sind in einem Kreis vereint, der die ganze Persönlichkeit symbolisiert. Jedes Segment ist wie ein Tortenstück. Im Mittelpunkt befindet sich ein Diamant, der alle Farben des Regenbogens reflektiert und das Höhere Bewußtsein symbolisiert.

Die dazwischenliegenden Segmente bleiben farblos, bis die Hauptsegmente im Gleichgewicht sind.

Ziel dieser Übung ist, dir beim Ausbalancieren der vier Funktionen zu helfen, damit du sie frei zu deiner Verfügung hast. Es gibt zwei Methoden, um dieses Gleichgewicht herzustellen:

Methode I

1. Sieh das Mandala genau an, und beachte, daß jede Farbe die gleiche Tiefe hat, so daß sich dir ein vollkommen ausgewogenes Bild einprägt.

2. Frage das Höhere Bewußtsein, welche der vier Funktionen deine stärkste ist; auf welche verläßt du dich am meisten, weil du erfolgreich bist, wenn du sie benutzt?

3. Frage das Höhere Bewußtsein, welche deine schwächste Funktion ist; es ist diejenige, bei der du die Tendenz hast, sie zu vermeiden, weil du mit ihr oft Mißerfolg hast, wenn du versuchst, sie zu benutzen.

4. Betrachte dieses persönliche Mandala sorgfältig; es zeigt dir genau, wie du da hineinpaßt.

5. Greife jetzt hinter die Farbe mit der stärksten Funktion, und dämpfe mit einem Dimmer oder

Lichtstärkeregler, den du dahinter finden wirst, die Farbe ein *ganz klein wenig*.

6. Nun verstärke die schwächste Funktion, indem du den Dimmer etwas nach oben regelst.

7. Ignoriere erst mal die zwei anderen Farben.

8. Schau dir für kurze Zeit das revidierte Bild an, um dir in Gedanken einzuprägen, daß du deinen unausgeglichenen Zustand in Ordnung bringst.

9. Konzentriere dich wieder auf das ursprüngliche Symbol, bei dem alle Farben gleich stark sind, und absorbiere das Bild, um es als dein Ziel bei dir zu tragen.

Methode II

1. Visualisiere eine Pyramide, mit vier dreieckigen Seiten.

2. Stell dir vor, du befindest dich innerhalb der Pyramide; jede der inneren Wände hat die Farbe einer der Funktionen.

3. Beginne mit der Farbe deiner schwächsten Funktion. Stell dir vor, du stehst atmend davor oder nimmst diese Farbe mit fünf oder sechs Atemzügen in dich auf.

4. Gehe innerhalb der Pyramide herum, und nimm dir so viel Zeit, wie du brauchst, um jede Farbe aufzunehmen. Passe die Zeit, die du dir für die Aufnahme jeder Farbe nimmst, daran an, wie jede einzelne Funktion für dich ausgeprägt ist. Widme deiner stärksten Funktion am wenigsten Zeit.

Gehirn und Solarplexus ausgleichen

Dies ist eine sehr nützliche Technik, um jemandem zu helfen, der einen Schock, ein Trauma oder eine emotionale Störung erlitten hat und dadurch aus dem Gleichgewicht geworfen wurde.

Die Anwendung bei anderen

1. Die Person, die Hilfe braucht – hier mit A bezeichnet –, sollte aufrecht auf einem Stuhl mit gerader Lehne sitzen und ihre Füße auf den Boden gestellt haben.

2. Der Vermittler – hier mit B bezeichnet – legt seine dominierende Hand auf den runden Teil am Hinterkopf von A und die andere Hand auf dessen Solarplexus, der direkt unter den Rippen und oberhalb des Nabels liegt.

3. A wird aufgefordert, sanft und tief in den Bauch einzuatmen, indem er den Solarplexus oder das Zwerchfell an Stelle des oberen Brustkorbs und der Schultern bewegt.

4. A wird gesagt, er solle B's Hand mit dem Solarplexus nach außen schieben.

5. Während A ausatmet, drückt B seine Hand fest gegen A's Solarplexus, um ihm zu helfen, alle Luft, die er eingeatmet hat, wieder auszustoßen.

6. Wiederhole die Schritte 3 bis 5, bis der Atemrhythmus leicht und entspannt ist und B die Energie in beiden Händen gleichmäßig fühlt.

Die Anwendung bei sich selbst

1. Lege deine dominierende Hand auf deinen Hinterkopf auf den runden Teil und die andere Hand auf den Solarplexus.

2. Schiebe, während du einatmest, mit deiner Atmung die Hand, die auf dem Solarplexus liegt, nach außen.

3. Wenn du ausatmest, drücke deine Hand fest gegen den Solarplexus, um möglichst viel Luft herauszudrücken.

4. Wiederhole diese beiden Schritte, bis dein Atem rhythmischer ist und du in beiden Händen die gleiche Energie fühlst.

Yin Yang

Yin, Yang – das Weibliche und das Männliche, Herz und Intellekt ins Gleichgewicht bringen

Wir alle benötigen ein besseres Gleichgewicht zwischen dem Herzen und dem Kopf. Das alte chinesische Yin/Yang-Symbol kann man für diesen Ausgleich verwenden.

1. Visualisiere es oder erinnere dich an das Yin/Yang-Symbol, und stell es dir auf dem Boden um deine Füße herum vor.

2. Stell dir vor, du setzt deinen rechten Fuß auf den schwarzen Punkt in dem weißen Teil.

3. Stell deinen linken Fuß auf den weißen Punkt in den schwarzen Teil des Symbols.

4. Atme tief und entspannt, so daß ein Gleichgewicht entsteht, während die Botschaft vom Unterbewußtsein absorbiert wird.

Diese Übung sollte täglich praktiziert werden, um ein besseres Gleichgewicht herbeizuführen.

Der schwarze und der weiße Vogel – Gegensätze akzeptieren

Diese Übung hilft, eine akzeptierende Einstellung gegenüber Gegensätzlichkeiten zu entwickeln, wie zum Beispiel bei diesen Paaren: gut und schlecht, glücklich und unglücklich, Schmerz und Vergnügen, Lob und Tadel, um nur einige anzuführen.

1. Stell dir vor, du gehst über ein gespanntes Seil und setzt vorsichtig einen Fuß vor den anderen, dabei schaust du strikt geradeaus.

2. Halte deine Arme ausgestreckt nach jeder Seite, die Handflächen zeigen nach oben.

3. Stell dir einen schwarzen Vogel links neben dir vor, so daß du ängstlich bist, daß er dich angreifen könnte.

4. Widerstehe dem Impuls, ihn wegzustoßen, denn dadurch würdest du vom Seil herunterfallen.

5. Geh weiter, und schaue weder nach rechts noch nach links.

6. Stell dir auf deiner rechten Seite einen wunderschönen, schimmernden weißen Vogel vor.

7. Widerstehe der Versuchung, dich nach ihm auszustrecken, um ihn festzuhalten, weil auch das wieder die Ursache dafür sein würde, daß du von dem gespannten Seil herunterfällst.

8. Geh weiter auf dem gespannten Seil, und erlaube entweder dem schwarzen Vogel oder dem weißen Vogel, sich auf deine nach oben gerichtete Handfläche zu setzen, wann immer sie wollen.

Diese Übung führt zu einer Haltung des Annehmens von allem, was das Leben dir auf deinem Lebenspfad auch immer bringt. Diese Einstellung führt dich zum inneren Frieden. Praktiziere diese Übung mindestens einmal am Tag, um das beste Resultat zu erhalten.

Hilfreiche Arbeitsmaterialien

Die ersten beiden Bücher von Phyllis Krystal sind in deutscher Übersetzung beim Econ Taschenbuch Verlag erschienen. Fragen Sie Ihren Buchhändler nach:
– Die inneren Fesseln sprengen
– Frei von Angst und Ablehnung

Zu den genannten Techniken sind Vortragskassetten erhältlich:
– Die inneren Fesseln durchtrennen
– Durch Visualisierung zu höherem Bewußtsein
Bezug über:
auditorium Verlag
Weinbergstr. 4
97359 Schwarzbach
Tel.: 0 93 24 / 90 39 52

Informationen zu Seminaren und den Newsletters von Phyllis Krystal erhalten Sie unter:
Phyllis Krystal
P. O. Box 6061-355 · Sherman Oaks, CA 91413

LOUISE L. HAY

Seit Gesundheit für Körper und Seele vor 20 Jahren zum ersten Mal erschien, ist es zu einem der erfolgreichsten Selbsthilfebücher geworden – mit über 30 Millionen Weltauflage, davon über 1,5 Millionen in Deutschland.

Gesundheit für Körper und Seele
304 Seiten
€ [D] 8,95 / € [A] 9,20 / sFr 16,50
ISBN 3-548-74097-9

Wahre Kraft kommt von Innen
256 Seiten
€ [D] 8,95 / € [A] 9,20 / sFr 16,50
ISBN 3-548-74098-7

Die Kraft einer Frau
192 Seiten
€ [D] 7,95 / € [A] 8,20 / sFr 14,80
ISBN 3-548-74096-0

Das große Buch der heilenden Gedanken
400 Seiten
€ [D] 11,95 / € [A] 12,30 / sFr 21,50
ISBN 3-548-74095-2

Die innere Ruhe finden
192 Seiten
€ [D] 6,95 / € [A] 7,20 / sFr 12,80
ISBN 3-548-74099-5

ULLSTEIN TASCHENBUCH

JAMES REDFIELD

Tief in den Regenwäldern Perus ist eine Handschrift gefunden worden. Auf ihren Seiten sind neun Einsichten in das Wesen des Lebens niedergelegt, Einsichten, zu denen nach und nach jeder Mensch auf dem Weg zu einer spirituellen Kultur gelangen wird.

Das Geheimnis von Shambhala
Das dritte Buch von Celestine
352 Seiten
€ [D] 8,95/€ [A] 9,20/sFr 16,50
ISBN-13: 978-3-548-74118-5
ISBN-10: 3-548-74118-5

Die Vision von Celestine
Geheimnis und Hintergrund
der Prophezeiungen
320 Seiten
€ [D] 8,95/€ [A] 9,20/sFr 16,50
ISBN-13: 978-3-548-74120-8
ISBN-10: 3-548-74120-7

Die Erkenntnisse von Celestine
Das Handbuch zur Arbeit mit
den »Neun Erkenntnissen«
320 Seiten
€ [D] 9,95/€ [A] 10,30/sFr 18,00
ISBN-13: 978-3-548-74116-1
ISBN-10: 3-548-74116-9

Das Handbuch der zehnten Prophezeiung von Celestine
Vom alltäglichen Umgang mit
der zehnten Erkenntnis
384 Seiten
€ [D] 10,95/E [A] 11,30/sFr 19,80
ISBN-13: 978-3-548-74117-8
ISBN-10: 3-548-74117-7

Die Prophezeiungen von Celestine
Ein Abenteuer
368 Seiten
€ [D] 8,95/€ [A] 9,20
sFr 16,50
ISBN-13: 978-3-548-74119-2
ISBN-10: 3-548-74119-3